AF281283

20 puntos clave para redefinir la Educación Física

LOMLOE en movimiento

Marc Lloret Parra

Primera edición, 2024

© 2024, Editorial INDE
        www.inde.com
        editorial@inde.com

© 2024, el autor

ISBN: 978-84-9729-438-6

DL MU 467-2024

Impreso en España

Utilización de imágenes y vectores de Freepik y Pixabay

Reservados todos los derechos. Ninguna parte de esta publicación puede ser reproducida, total o parcialmente, almacenada o transmitida en manera alguna ni por ningún medio, ya sea mecánico, eléctrico, químico, óptico, de grabación o de fotocopia, sin permiso previo del editor.

Nota. A lo largo de la obra se utilizarán los genéricos siempre que sea posible a la hora de referirse a niños y niñas, hombres y mujeres, y para ello y para agilizar la lectura, cuando se use el masculino, si no se especifica lo contrario, será para referirse a ambos géneros.

Sobre el autor

Marc Lloret Parra

El autor se distingue en el campo de la educación por su dedicada labor como docente de Educación Física, comprometiéndose profundamente con el desarrollo y la formación de sus estudiantes. Su contribución trasciende el ámbito de la enseñanza tradicional, ya que también ejerce un papel crucial en la preparación de opositores para el acceso a diferentes etapas educativas, dotándolos de las herramientas necesarias para alcanzar el éxito en sus respectivas carreras docentes.

Como escritor, ha enriquecido la literatura educativa con publicaciones que no solo reflejan su vasto conocimiento en la materia, sino que también demuestran su inquebrantable pasión por la educación. Estas obras sirven como recurso esencial para educadores y estudiantes por igual, ofreciendo perspectivas innovadoras en metodologías y prácticas pedagógicas.

En su calidad de miembro del grupo de investigación SAFE de la Universidad de Murcia, el autor avanza en su proyecto doctoral centrado en metodologías activas y modelos pedagógicos. Este trabajo subraya su compromiso con la mejora continua de los procesos educativos y con el desarrollo de estrategias que respondan a los desafíos contemporáneos de la enseñanza.

Su pasión por la innovación y la creatividad en el campo educativo ha sido reconocida a nivel nacional, posicionándolo como uno de los finalistas para el título de Mejor profesor de España en los premios Educa Abanca 2023. Este logro destaca no solo su excelencia en la enseñanza, sino también por su influencia positiva y transformadora en el sistema educativo español.

Además, el autor se desempeña activamente como formador y divulgador científico, tarea que le permite compartir su conocimiento y experiencia con una audiencia más amplia. A través de esta labor, busca promover una visión de la educación que sea a la vez inclusiva, innovadora y eficaz, preparando a las futuras generaciones para enfrentar con éxito los retos del mañana

Índice

Inicia el viaje por la LOMLOE

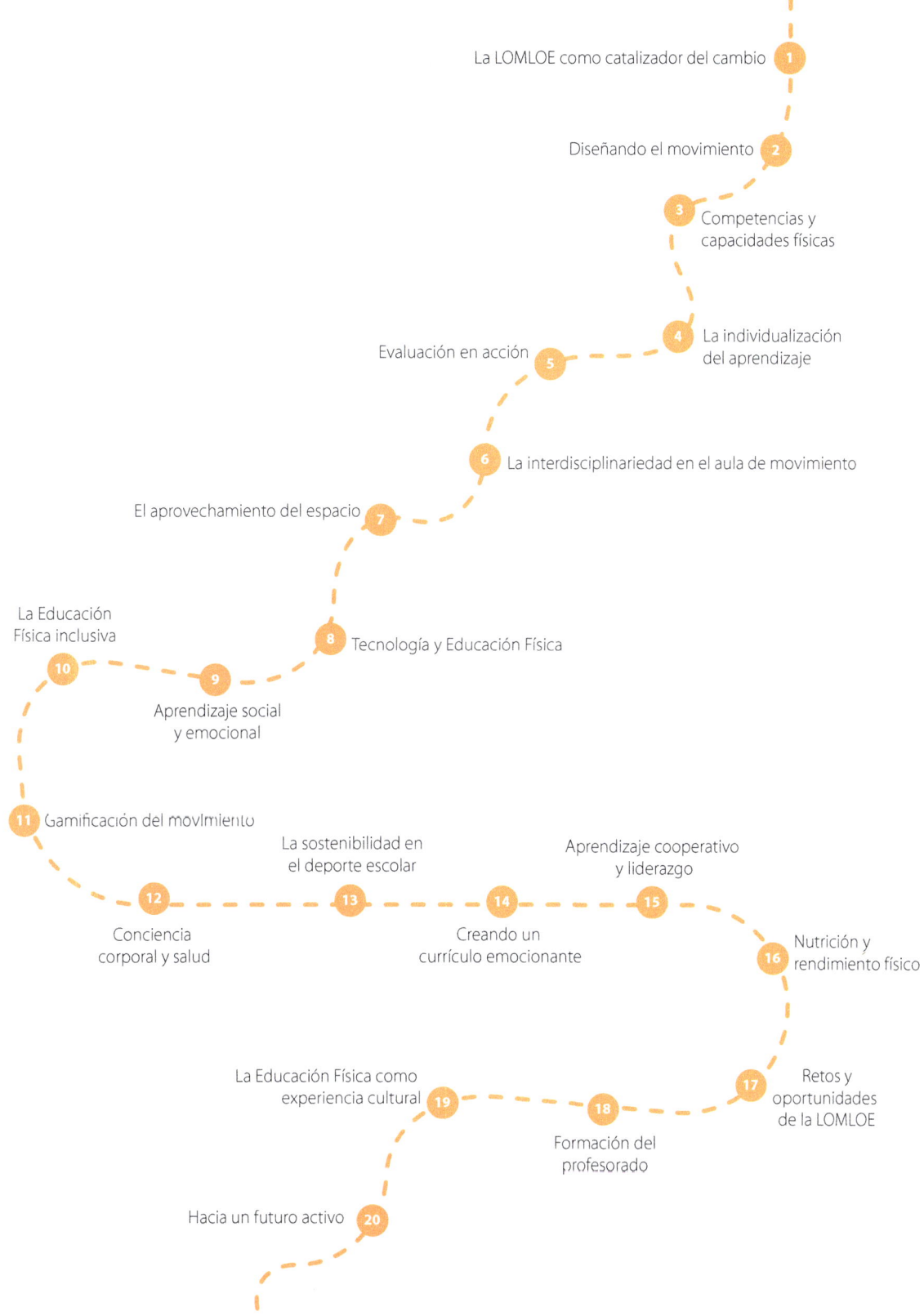

1. La LOMLOE como catalizador del cambio
2. Diseñando el movimiento
3. Competencias y capacidades físicas
4. La individualización del aprendizaje
5. Evaluación en acción
6. La interdisciplinariedad en el aula de movimiento
7. El aprovechamiento del espacio
8. Tecnología y Educación Física
9. Aprendizaje social y emocional
10. La Educación Física inclusiva
11. Gamificación del movimiento
12. Conciencia corporal y salud
13. La sostenibilidad en el deporte escolar
14. Creando un currículo emocionante
15. Aprendizaje cooperativo y liderazgo
16. Nutrición y rendimiento físico
17. Retos y oportunidades de la LOMLOE
18. Formación del profesorado
19. La Educación Física como experiencia cultural
20. Hacia un futuro activo

1 La LOMLOE como catalizador del cambio

Cómo la LOMLOE reinventa el enfoque pedagógico en la Educación Física

Iniciemos este viaje con un hecho contundente: la reciente Ley Orgánica de Modificación de la Ley Orgánica de Educación (LOMLOE) no solo ha trastocado los cimientos del sistema educativo, sino que ha abierto una ventana de oportunidades en el área de la Educación Física. Este nuevo escenario legislativo desmantela el estereotipo de una asignatura residual, favoreciendo que forme parte integral y vital del plan de estudios.

Tú, como docente de Educación Física, te verás beneficiado. Pero, primero, hay que abordar y entender estos cambios. La LOMLOE profundiza en la diversidad, la igualdad y la inclusión y busca el desarrollo pleno de los estudiantes en todas sus capacidades, motivándonos a reinventar nuestra práctica docente y transformar nuestras aulas de Educación Física.

El antiguo modelo pedagógico, seguramente familiar para muchos de nosotros, estaba centrado en la enseñanza directa de actividades deportivas y la evaluación se basaba en la medición de habilidades específicas. Con la LOMLOE, ahora nos encontramos con un enfoque centrado en el aprendizaje y en el desarrollo personal y social de los alumnos.

Tal vez te cuestiones, ¿qué significa esto exactamente? Esencialmente, ello implica que debemos conectar la Educación Física con los intereses y las experiencias personales de los estudiantes, y enfocarnos en el desarrollo de habilidades que vayan más allá de lo puramente físico. La valoración de estas nuevas competencias requerirá de métodos de evaluación que reflejen el desarrollo holístico de los estudiantes.

El anterior esquema de la Educación Física, basado en la competición, el esfuerzo y la superación personal, cede el paso a un enfoque basado en la cooperación, el juego y el placer por moverse. Este cambio de enfoque puede ser visto como una reacción contra los crecientes problemas de sedentarismo, obesidad y salud mental entre los jóvenes, proponiendo una concepción de la Educación Física centrada en el placer, el bienestar y la expresión personal.

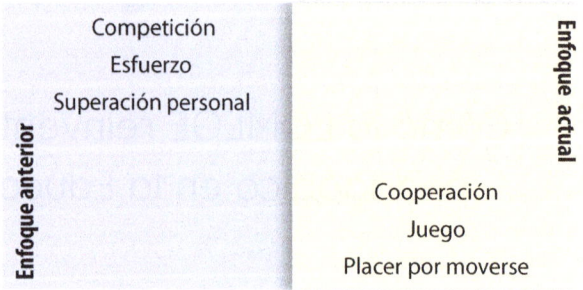

Comparativa Educación Física

Esto significa que la práctica de Educación Física ahora debe promover la inclusión, la cooperación y el respeto por las diferencias, ir más allá de las destrezas técnicas y tomar en consideración otros aspectos fundamentales como son la comunicación, el trabajo en equipo, el respeto a las normas, la autonomía o la creatividad. Pero, sobre todo, fomentar el placer por la actividad física y el deporte, contemplándola como un medio para el cuidado personal y la mejora de la salud.

Toda esta remodelación pedagógica nos invita a reinventar y readaptar nuestras metodologías, materiales y estrategias de enseñanza. Como docentes, tenemos ahora la oportunidad de replantear nuestras intervenciones y actividades, de modo que partamos más de las experiencias y necesidades de los estudiantes.

Un aspecto particularmente prometedor de esta transformación es que impulsa un acercamiento interdisciplinar a la Educación Física. Ahora tenemos la capacidad y el mandato de conectar nuestra materia con otras áreas del currículo, de modo que el aprendizaje en Educación Física se integre de manera más fluida con el resto de las materias.

Además de todo lo anterior, la LOMLOE contempla que la Educación Física sea un recurso educativo con alto valor formativo, superando la vieja concepción de mera válvula de escape. Nos invita a reconsiderar el papel que juegan las instalaciones deportivas y las nuevas tecnologías en nuestra materia, y cómo podemos innovar para mejorar la enseñanza en estas áreas.

Un cambio en la legislación no será efectivo sin un compromiso por parte de quienes estamos en las aulas. Y tú, profesor o profesora de Educación Física, juegas un papel esencial en este cambio. Cada uno de nosotros tendrá que buscar un balance, en su propia práctica docente, entre lo que exige la ley y lo que nuestros estudiantes necesitan, anhelan y merecen.

Entiendo que asimilar todo esto puede parecer una tarea titánica. Pero no tenemos que hacerlo todo de golpe. Este libro está diseñado para ayudarte a navegar estos cambios, ofreciéndote tanto una visión general de la LOMLOE y de cómo afecta a nuestra asignatura, como información detallada y ejemplos prácticos sobre cómo diseñar, implementar y evaluar situaciones de aprendizaje en Educación Física que estén en consonancia con esta nueva ley educativa.

La LOMLOE, como cualquier otro cambio, genera incertidumbre y resistencia. Pero también aporta consigo un sinfín de oportunidades para replantear nuestra práctica docente y mejorar la calidad de la Educación Física. El paisaje educativo ha cambiado, y estamos frente a una oportunidad única de rediseñar nuestra asignatura.

En este proceso, la clave será la capacidad de innovar y adaptarse, de dar un giro al papel tradicional de la Educación Física y colocarla en el centro del aprendizaje y desarrollo de los estudiantes. Esta tarea requiere, sin duda, una reconfiguración profunda de las prácticas pedagógicas tradicionales. Pero también me atrevo a afirmar que es, sin lugar a dudas, uno de los desafíos más apasionantes y alentadores que nos toca enfrentar como educadores.

En este primer capítulo, hemos desgranado brevemente el impacto de la LOMLOE en la Educación Física y cómo este cambio transforma nuestra asignatura. Pero, para entender completamente cómo estos cambios se pueden traducir en la práctica diaria, necesitamos adentrarnos en los detalles de la ley y su aplicación en el aula.

Por eso, en el próximo capítulo, nos enfocaremos en explorar los principios y estrategias para diseñar y estructurar lecciones de Educación Física en línea con la LOMLOE, ilustrando ideas con ejemplos y demostrando cómo traducir teoría en práctica. Así que, si estás listo para iniciar este viaje de transformación, acompáñame al siguiente capítulo.

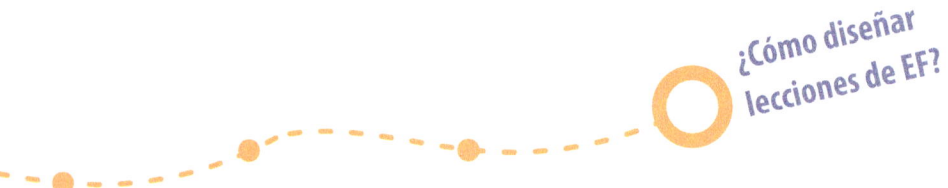

2 Diseñando el movimiento

Principios para idear lecciones de Educación Física alineadas con la LOMLOE

Comenzamos este capítulo reflexionando sobre una idea que quizás no hayas considerado: la Educación Física no es solo una materia, es un lenguaje. Como tal, su enseñanza debe enfocarse en hacer que los estudiantes se familiaricen con sus palabras, es decir, con los movimientos, posturas y acciones. A esto se añade la reforma de la Ley Orgánica de Modificación del Sistema Educativo (LOMLOE), que impulsa un cambio pedagógico en la concepción de la Educación Física, convirtiéndola en una materia fundamental para el desarrollo integral del alumnado. Pero, ¿cómo diseñar lecciones de Educación Física que estén alineadas con los principios de la LOMLOE?

Un enfoque central de la LOMLOE es el objetivo de mejorar la inclusión y la equidad en la educación. Así pues, las lecciones de Educación Física deben diseñarse de manera que permitan la participación activa de todos los estudiantes, independientemente de sus habilidades físicas. Hay que esforzarse en desarrollar actividades que:

- promuevan la igualdad de oportunidades,
- fomenten el respeto a la diversidad y
- contribuyan a la formación de una conciencia cívica y ética.

Un ejemplo puede ser la utilización de las tareas multinivel, donde el alumnado puede escoger el nivel inicial en el que situarse, para avanzar en los distintos niveles (dificultad) según su ritmo de aprendizaje.

No podemos olvidar que la LOMLOE también pone un alto valor en el desarrollo de la competencia personal, social y de aprender a aprender. Por lo tanto, las lecciones de Educación Física deben estar diseñadas para que los alumnos desarrollen habilidades de autoaprendizaje, reflexionen sobre su propio progreso y se involucren activamente en su Educación Física. Esto se puede desarrollar mediante actividades que fomenten la autorreflexión, el autocontrol y la autogestión de los alumnos, así como el uso de estrategias de aprendizaje basadas en la resolución de problemas y la toma de decisiones.

Otro punto a tener en cuenta al diseñar lecciones es el enfoque de la LOMLOE en la motivación del estudiante. Por tanto, las lecciones de Educación Física deben ser atractivas y significativas para los alumnos. Deberíamos considerar la incorporación de juegos y actividades que los estudiantes encuentren interesantes y relevantes, y que también les permitan aplicar lo que han aprendido en sus propias vidas.

Además, la LOMLOE promueve el trabajo colaborativo y las habilidades sociales. Por lo tanto, fomentar la cooperación, la comunicación y la interacción social es otra prioridad al diseñar lecciones de Educación Física. Puedes considerar el uso de actividades de equipo, juegos colaborativos y proyectos que encorajen a los estudiantes a trabajar juntos y a resolver conflictos de manera efectiva.

Importante destacar también, la dimensión interdisciplinar que propone la LOMLOE. Por lo tanto, las lecciones de Educación Física deberían estar diseñadas para integrarse con otros temas del currículo tanto dentro de la misma materia, como entre materias distintas. Esas conexiones pueden ayudar a los estudiantes a ver el sentido práctico e integrado de lo que están aprendiendo.

DIMENSIÓN INTERDISCIPLINAR

Aunque pueda parecer obvio, no debemos olvidar el aspecto físico de la Educación Física. Las lecciones deben estar diseñadas para promover la actividad física, la mejora de la salud y el bienestar de los estudiantes. Este enfoque puede implicar incorporar actividades que desarrollen diferentes habilidades físicas y que promuevan la conciencia de la importancia de mantener un estilo de vida activo y saludable.

Finalmente, en línea con el compromiso de la LOMLOE con una evaluación formativa, continua y de mejora, tus lecciones de Educación Física deben diseñarse de manera que permitan un seguimiento efectivo del progreso de los alumnos. Esto significa incorporar métodos de evaluación formativa que proporcionen a los estudiantes feedback regular y constructivo sobre su rendimiento y progreso.

DISEÑO DE LECCIONES DE EDUCACIÓN FÍSICA

- Comprometerse con la LOMLOE para una evaluación formativa, continua y de mejora.
- Permitir un seguimiento efectivo del progreso del alumnado.
- Relacionar el rendimiento con el progreso del alumnado.
- Introducir métodos de evaluación que proporcionen al alumnado un feedback regular y constructivo.

Al diseñar tus lecciones de Educación Física bajo la LOMLOE, hay ciertos principios que puedes seguir:

- En primer lugar, debes esforzarte por hacer que tus lecciones sean inclusivas y accesibles para todos los estudiantes.
- También debes tratar de hacer que tus lecciones sean interesantes y relacionadas con el mundo exterior de los estudiantes.

- Finalmente, tus lecciones deben proporcionar a los estudiantes la oportunidad de tomar la iniciativa de su propio aprendizaje.

Por supuesto, todo esto puede sonar más fácil decirlo que hacerlo. Cada aula es un ecosistema único, y lo que funciona en un aula puede no funcionar en otra. Sin embargo, estos principios proporcionan un punto de partida sólido para diseñar lecciones de Educación Física alineadas con la LOMLOE.

Diseñar lecciones de Educación Física en alineación con la LOMLOE no es solo cuestión de modificar lo que enseñamos, sino también cómo lo enseñamos. Debemos considerar no solo el contenido de nuestras lecciones, sino también las estrategias de enseñanza que utilizamos, y el tipo de entorno de aprendizaje que creamos.

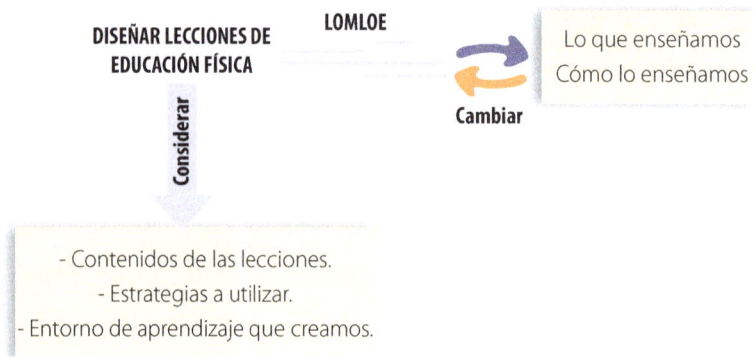

Al final del día, la Educación Física es una asignatura única con un potencial increíble para el desarrollo integral de nuestros estudiantes. Con una cuidadosa planificación y un cuidadoso diseño de lecciones, podemos aprovechar al máximo las oportunidades que la LOMLOE ofrece para mejorar la Educación Física en nuestras escuelas.

Y ahora, ¿qué sigue? Después de entender los principios para diseñar nuestras lecciones, es hora de profundizar en cómo podemos traducir estas ideas en la práctica, integrando la teoría y la práctica bajo este nuevo marco educativo. En el siguiente capítulo, hablaremos con más detalle de cómo desarrollar competencias y capacidades físicas integrando efectivamente la teoría y práctica de la Educación Física según los parámetros de la LOMLOE.

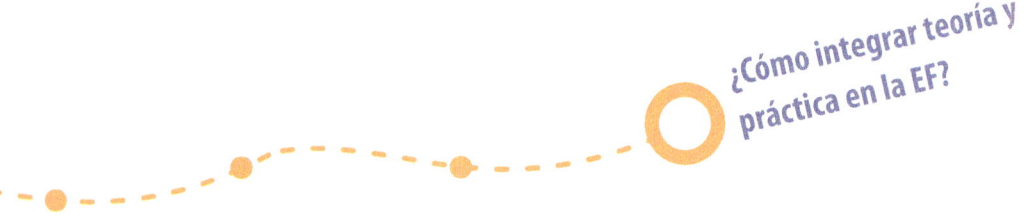

3 Competencias y capacidades físicas

Integración de la teoría y la práctica bajo el nuevo marco educativo

La Educación Física es un aspecto vital del desarrollo de nuestros estudiantes. La LOMLOE (Ley Orgánica de Modificación de la Ley Orgánica de Educación) presenta una serie de cambios significativos en el enfoque pedagógico que pueden desafiar nuestras prácticas actuales. En este capítulo, vamos a explorar precisamente cómo podemos manejar este cambio, integrando la teoría con la práctica en la enseñanza de habilidades físicas y competencias.

Primero, es vital recordar cómo la LOMLOE transmite su enfoque a la Educación Física. Esta ley recalca la necesidad de un equilibrio entre el potencial físico y el cognitivo de cada estudiante. En consecuencia, ahora debemos encarnar una aproximación multidimensional que vaya más allá del rendimiento físico, incorporando también aspectos cognitivos y socioemocionales.

En este contexto, surgen dos conceptos fundamentales: las "competencias" y las "capacidades físicas":

- Las competencias son habilidades que permiten a los estudiantes manejar tareas y problemas complejos.
- las capacidades físicas se refieren a las habilidades motoras básicas como correr, saltar, flexibilidad, fuerza y equilibrio.

Bajo la LOMLOE, ambos elementos deben ser considerados y alimentados en la enseñanza de la Educación Física.

La integración de la teoría y la práctica en las lecciones puede parecer un desafío abrumador; sin embargo, la LOMLOE claramente identifica esto como una oportunidad para una enseñanza más eficaz. En lugar de ser dos partes separadas de una lección, la teoría y la práctica se pueden y deben mezclar de forma fluida:

- Una forma de lograrlo es a través de un **modelo de enseñanza integrado**. Podemos permitir a los estudiantes participar en actividades prácticas, seguidas de un análisis teórico. Por ejemplo, al enseñar una nueva habilidad, se pueden utilizar juegos cooperativos y luego proceder a una discusión grupal para reflexionar sobre la experiencia.

- **Vincular la teoría a la aplicación práctica**. Cada vez que enseñamos una teoría, deberíamos proporcionar un espacio para que los estudiantes la apliquen en un contexto real. Así, la teoría se convierte en algo tangible y relevante para ellos, facilitando su aprendizaje.
- Otro aspecto esencial es el de la **retroalimentación efectiva**. La retroalimentación debe ser inmediata, relevante y específica. Esto permite a los estudiantes aplicar de inmediato lo que han aprendido, reforzando la conexión entre teoría y práctica.

La LOMLOE también pone énfasis en el enfoque inclusivo. No todos los estudiantes avanzan al mismo ritmo. Al diseñar nuestras lecciones, debemos considerar la diversidad de habilidades y competencias en nuestra clase.

Asimismo, la personalización es clave en la enseñanza efectiva de habilidades físicas y competencias según la LOMLOE. Cada estudiante tiene un potencial único, y como profesores, nuestro papel es estimular ese potencial y facilitar su desarrollo.

Para hacer esto, necesitamos adaptarnos a las necesidades individuales de los estudiantes, proporcionando apoyo donde sea necesario y permitiendo a los estudiantes progresar a su propio ritmo. Este enfoque centrado en el estudiante ayuda a consolidar su aprendizaje.

También es fundamental implementar una evaluación formativa continua para cada alumno. Esta evaluación, centrada en el proceso y no en el resultado, es esencial para fomentar el progreso de los estudiantes y su autopercepción.

La LOMLOE destaca, además, la importancia de vincular la Educación Física con la vida cotidiana de los estudiantes. Nuestras lecciones deben ser pertinentes y reflejar situaciones del mundo real.

Finalmente, debemos recordar que, en última instancia, nuestro objetivo es cultivar en los estudiantes un amor por el aprendizaje y por mantenerse físicamente activos.

Para prepararse para el futuro, los estudiantes necesitan ser capaces de pensar críticamente, resolver problemas y trabajar eficazmente en equipo. La Educación Física puede jugar un papel significativo en el desarrollo de estas habilidades.

En resumen, la LOMLOE nos presenta una oportunidad fantástica para reformar nuestra enseñanza de la Educación Física. Con su enfoque en la integración de la teoría y la práctica, esta ley pone el énfasis en la formación integral de los estudiantes.

Ahora que comprendemos cómo integrar la teoría y la práctica en la enseñanza de habilidades físicas y competencias bajo la LOMLOE, es tiempo de aplicar estas estrategias en nuestras propias clases.

De cara al próximo capítulo, reflexionaremos sobre cómo podemos adaptar la enseñanza de la Educación Física a las necesidades individuales de los estudiantes, proporcionando un enfoque de aprendizaje personalizado. Esta mirada hacia la individualización del aprendizaje será un complemento valioso para el diálogo que hemos estado teniendo sobre el equilibrio entre la teoría y la práctica en la Educación Física.

¿Cómo adaptar la EF a las necesidades individuales?

4 La individualización del aprendizaje

Adaptando la Educación Física a las
necesidades de cada estudiante

Enfocamos este capítulo a la gran innovación que propone la LOMLOE en el terreno de la Educación Física: la **individualización del aprendizaje**.

La ley subraya el reconocimiento de la diversidad de habilidades, capacidades y ritmos de aprendizaje de los estudiantes, lo que nos invita a diseñar situaciones de aprendizaje adaptadas a las necesidades de cada uno de ellos. Este enfoque evita representar a los estudiantes como homogéneos y se adaptan de forma precisa a las características y necesidades de cada uno de ellos.

Ahora bien, ¿cómo operativizamos esta individualización en la práctica? En primer lugar, se requiere que nos familiaricemos con el perfil de aprendizaje de cada estudiante. Aquí entra en juego la importante labor de monitorizar el progreso del estudiante, detectar posibles dificultades y reconocer su evolución. Herramientas como los diarios de aprendizaje, las entrevistas individuales y las evaluaciones formativas se vuelven esenciales.

INDIVIDUALIZACIÓN   INDIVIDUALISMO

La individualización también reside en el hecho de proporcionar opciones y alternativas en las tareas y actividades, para que cada estudiante pueda elegir qué realizar en función de sus intereses, habilidades, y nivel de desafío. Proporcionar opciones significa abrir un abanico de posibilidades sin juicio, permitiendo a los estudiantes tomar decisiones informadas y responsables sobre su propio aprendizaje.

La atención individualizada también implica diseñar estrategias de apoyo y refuerzo para aquellos estudiantes que lo necesiten. Puede ser tanto para personas con dificultades como para aquellas con altas capacidades. Asistir de manera personalizada exige por parte del docente una gran disposición y recursos, pero es vital para no dejar a nadie atrás y asegurar una enseñanza y aprendizaje significativos.

De igual manera, la individualización opera en el campo de la evaluación. La evaluación debe servir para facilitar el aprendizaje y no solo para medirlo. Por eso, se propone una evaluación centrada en el progreso del estudiante:

- resaltar sus logros,
- identificar sus áreas de mejora y
- orientar su aprendizaje futuro.

Esta evaluación formativa y personalizada ayuda a construir la autoestima del estudiante, reforzar su autonomía y motivar su compromiso con la actividad física.

Es importante recalcar que la individualización no significa fragmentar al grupo-clase ni promover el individualismo. Para nada. Se puede personalizar el aprendizaje a la vez que se fomenta la cooperación y la interacción entre iguales. En este sentido, las dinámicas de trabajo en equipo y la resolución conjunta de problemas también son recursos poderosos.

No solo eso, la individualización tampoco significa renunciar a los contenidos o saberes comunes ni al currículo. La LOMLOE prevé, efectivamente, unos aprendizajes esenciales para todos y todas que son de obligado cumplimiento. Pero esos aprendizajes pueden ser abordados desde diferentes vías, métodos y actividades, de manera que sean accesibles, retadores y significativos para todos y todas. El desafío está en encontrar ese punto de equilibrio entre lo común y lo singular.

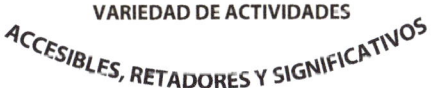

Asimismo, la individualización no socava la disciplina ni la gestión del aula. No se trata de dar barra libre a los estudiantes ni desmontar la jerarquía profesor-estudiante. Por el contrario, se trata de reforzar la corresponsabilidad, el respeto y la autoplanificación. Los estudiantes deben saber que se cuenta con ellos, que tienen voz y voto, pero siempre dentro de unos límites y normas establecidas.

Para afrontar este cambio de paradigma, es esencial también renovar nuestra formación y competencias profesionales. La individualización del aprendizaje nos desafía a investigar, experimentar y reflexionar de manera constante sobre nuestra práctica docente. Se trata de un proceso de mejora continua que implica tanto el saber y saber hacer como el ser y estar.

Por otro lado, debemos estar al tanto de las ventajas, pero también de los posibles riesgos o dificultades de este enfoque. La individualización, si no se gestiona adecuadamente, puede conllevar:

- la sobreexigencia del docente,
- la estigmatización de ciertos estudiantes
- o la desafección de otros.

Es importante, por tanto, planificar y regular la individualización con cuidado, sensibilidad y justicia.

A pesar de todo, los beneficios y oportunidades que ofrece la individualización son innegables:

- Por un lado, contribuye a que cada estudiante se sienta valorado, respetado y motivado.
- Por otro lado, favorece un aprendizaje más profundo, autónomo y crítico.
- Sin olvidar, además, el potencial que tiene para reinventar las dinámicas y el clima del aula.

En resumen, la individualización del aprendizaje en la Educación Física puede marcar un antes y un después en nuestra forma de enseñar y aprender. Así, nos encontramos ante un reto de gran envergadura que merece ser abordado con determinación, creatividad y solidaridad.

En el próximo capítulo, detallaremos cómo llevar a cabo una evaluación efectiva e innovadora en el aula de Educación Física acorde con los lineamientos de la LOMLOE. Seguimos enriqueciendo nuestro conocimiento para sacudir las aulas con una nueva pedagogía de la Educación Física.

¿Cómo evaluar la EF?

5 Evaluación en acción

Desarrollo de métodos de evaluación innovadores y efectivos para la Educación Física

La prestigiosa universidad de Stanford publicó un estudio que desmantela un común y antiguo mito: la evaluación de la Educación Física no es una tarea homérica que te obliga a elegir entre ser estricto y justo o indulgente y compasivo. Bajo la LOMLOE, es posible abogar por un enfoque más humanizado y centrado en el estudiante que te permitirá evaluar el aprendizaje físico de manera efectiva y justa, sin ceder a las presiones para bajar o subir las calificaciones de los estudiantes arbitrariamente. La clave está en el desarrollo de métodos de evaluación innovadores y efectivos que alcancen un equilibrio entre la objetividad y subjetividad.

Saber qué evaluar, cuándo y cómo, es crucial para el proceso evaluativo. En el marco de la LOMLOE, no se puede pasar por alto que evaluar en la Educación Física requiere una comprensión integral del desarrollo motor, cognitivo y socio-emocional del estudiante. Un informe de la Universidad Complutense de Madrid remarca que no se tiene que evaluar solo en términos de habilidades motoras, sino también en términos de actitudes, conocimientos, habilidades de autocontrol, cooperación y respeto.

Un artículo académico publicado por la Universidad de Bristol resalta un método innovador para evaluar la Educación Física que incluye el uso de diarios de aprendizaje. Los estudiantes llevan un diario que documenta su progreso, metas y obstáculos. Los docentes revisan estos diarios regularmente para monitorear el avance del estudiante y proporcionar comentarios constructivos. Este tipo de evaluación promueve el autoaprendizaje, la autocrítica y la motivación intrínseca, ya que permite a los estudiantes ser conscientes de su propio progreso y responsables de su aprendizaje.

El aprendizaje basado en proyectos, señalado por la Universidad de Harvard, es otra herramienta valiosa para la evaluación en la Educación Física. Los estudiantes, en pequeños grupos o individualmente, crean y desarrollan proyectos que reflejan sus intereses y metas físicas. Estos proyectos pueden hacer que los estudiantes investiguen sobre un deporte, diseñen un programa de ejercicios o jueguen un partido de fútbol. Este método de evaluación provee una percepción profunda de las habilidades y capacidades del estudiante, así como su compromiso con la Educación Física.

INVESTIGAR SOBRE DEPORTES

DISEÑAR EJERCICIOS

JUGAR UN PARTIDO

Incluso el uso de tecnología, a través de dispositivos portátiles, puede ser útil en nuestros intentos de evaluación en la Educación Física. Un informe de la Universidad de Queensland, Australia, muestra que los relojes inteligentes o las pulseras de actividad pueden hacer un seguimiento objetivo del rendimiento físico de un alumno, desde las calorías quemadas hasta la frecuencia cardíaca. Después, estos datos se pueden analizar y discutir con el estudiante para mejorar su rendimiento y alcanzar los objetivos físicos que se hayan establecido.

El proceso de evaluación también debería fomentar la interacción y el diálogo. Un metaanálisis de la Universidad de Oxford evidencia que los momentos de autoevaluación y coevaluación, en los que los estudiantes evalúan su propio rendimiento o el de sus compañeros, ayudan a reforzar conceptos de autonomía, solidaridad y respeto. No es solo una herramienta de evaluación, sino también una forma de facilitar la formación del carácter y promover el aprendizaje social y emocional.

Otra estrategia que ha estado ganando fuerza es la evaluación auténtica, que enfatiza el valor de las habilidades prácticas y aplicables en la vida real. Este enfoque, según la Universidad de California, evalúa la capacidad de los estudiantes para aplicar lo que han aprendido en situaciones del mundo real que requieren habilidades físicas, como la bicicleta o la natación. A diferencia de las pruebas estandarizadas, la evaluación auténtica respalda una visión más realista y pertinente de la Educación Física.

Con todo esto en mente, se vuelve claro que la evaluación efectiva en Educación Física bajo la LOMLOE es más que sumar y restar, calificar y comparar. Abarca la evaluación de habilidades, conocimientos y comportamientos en un ambiente de aprendizaje que valora y respeta las diferencias individuales, fomenta la motivación autónoma y emocional positiva, y está orientado a equipar a los estudiantes con habilidades y conocimientos que necesitarán a lo largo de su vida.

Algo que no podemos olvidar es que el objetivo principal de cualquier método de evaluación es promover el progreso y aprendizaje del estudiante, no castigar o comparar. Según la Universidad de Chicago, los métodos de evaluación deben ser claros, justos y relevantes para los estudiantes para que puedan servir como una herramienta motivacional, no solo como un medio para obtener calificaciones.

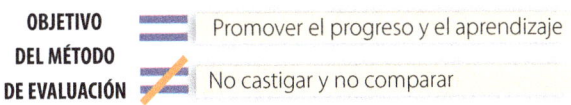

En este camino de redefinición de la evaluación uno de los objetivos debería ser la eliminación del miedo y la ansiedad que a menudo están asociados con la evaluación. La Universidad de Leeds sugiere que un ambiente de apoyo, en el que el fallo no se castigue sino que se vea como una oportunidad para aprender y mejorar, puede ser beneficioso para los estudiantes.

Reconocemos la complejidad y los desafíos que enfrentamos al intentar aplicar estos métodos de evaluación innovadores y efectivos en la Educación Física. Pero, según una revisión de la Universidad de Michigan, los resultados superan con creces los desafíos iniciales, ya que estos métodos ofrecen una visión más completa y precisa de las habilidades y el progreso del estudiante.

También hay que destacar que estos enfoques de evaluación más amplios, subjetivos y reflexivos están alineados con la filosofía de la LOMLOE, que insta a moverse más allá de la simple transferencia de información para cultivar habilidades, competencias y actitudes necesarias para el bienestar y la ciudadanía activa.

Necesitamos que te desafíes a ti mismo para experimentar con estos enfoques de evaluación, a reflexionar, investigar e innovar, y a personalizar los métodos que mejor se adapten a tus objetivos de enseñanza y al perfil de tus estudiantes.

Y aunque estas innovaciones pueden a veces parecer abrumadoras, debes recordar que no estás solo en este camino. Existen redes de profesionales, cursos de formación y recursos en línea a tu disposición. La Universidad Autónoma de Madrid, por ejemplo, tiene un centro de recursos en línea dedicado a la Educación Física, con una sección especializada en evaluación donde se pueden descargar ejemplos prácticos y guías.

En última instancia, recordar que la evaluación es un pilar fundamental del proceso de enseñanza y aprendizaje en cada disciplina, que puede motivarte a aceptar el desafío de innovar y explorar nuevos modos de evaluación. La recompensa es invaluable: un aprendizaje más significativo y efectivo para tus estudiantes, y la satisfacción de saber que estás haciendo lo mejor para ellos poniendo en práctica la filosofía de la LOMLOE.

Como avance del próximo capítulo, daremos una mirada a la interdisciplinariedad en el aula de movimiento. ¿Cómo podemos establecer conexiones creativas entre la Educación Física y otras disciplinas para mejorar el aprendizaje y aprovechar al máximo nuestras sesiones? ¡Descúbrelo en el siguiente capítulo!

6 La interdisciplinariedad en el aula de movimiento

Conexiones creativas entre la
Educación Física y otras materias

Tú, como educador físico, estás en una posición única para atravesar las barreras que separan a las diversas disciplinas académicas. ¿Te has cuestionado alguna vez cuánto pueden beneficiarse tus estudiantes si lograses establecer conexiones creativas entre la Educación Física y otras materias? Pon a prueba lo que sabes sobre la LOMLOE y adéntrate en el asombroso campo de la interdisciplinariedad en el aula del movimiento.

Comencemos por aclarar qué es la interdisciplinariedad. Al combinar elementos de diferentes áreas del conocimiento, la interdisciplinariedad busca abordar problemas de manera integral y propone soluciones más efectivas y holísticas. En el contexto de la LOMLOE, su importancia radica en su enfoque curricular, que enfatiza la necesidad de un aprendizaje transversal y conectado entre distintas materias.

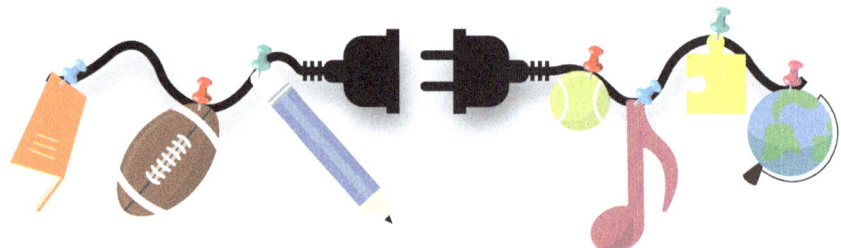

Uno de los pilares de la LOMLOE es el del aprendizaje transversal y significativo para el estudiante, que promueve la integración de contenidos y competencias que trascienden los límites de una materia. En este entorno, la Educación Física adquiere un papel de gran relevancia, permitiendo a los alumnos experimentar de forma activa y vivencial contenidos que en otras materias suelen ser puramente teóricos.

Veamos un ejemplo práctico, ¿cómo podríamos integrar la matemáticas en una clase de Educación Física? Quizás puedes considerar ideas tales como:

- el cálculo de distancias en atletismo,
- la estadística en deportes de equipo o
- el cálculo de ángulos en actividades como el golf miniatura.

La clave está en identificar esas conexiones naturales y explotarlas en beneficio del aprendizaje.

Otro ejemplo ilustrativo, con un enfoque más humanístico, sería la integración de la historia en la Educación Física. Imagina enseñar el origen de los deportes olímpicos, explicar la evolución histórica de las reglas de fútbol, o incluso representar los movimientos de batallas históricas. Al implicar al cuerpo y la mente de los estudiantes de esta forma, el aprendizaje se convierte en una experiencia más enriquecedora.

Importante es también la relación de la Educación física con las artes. ¿Qué tal combinar el aprendizaje de la danza con la historia del arte? ¿O explorar el arte del movimiento creando esculturas vivientes o movimientos inspirados en obras de arte? La creatividad aquí no tiene límites.

Cada vez más, las investigaciones apoyan la afirmación de que el movimiento facilita el aprendizaje. El cerebro, al percibir que el cuerpo está en movimiento, se pone en una especie de estado de alerta, se despiertan los sentidos y se incrementa la capacidad de atención. Vincular el movimiento con otros contenidos puede ser una estrategia eficaz en la mejora del aprendizaje y retención.

En el camino hacia la interdisciplinariedad, es esencial establecer un diálogo fluido con el resto del profesorado, para conocer los contenidos que se tratan en sus asignaturas y detectar posibles puntos de conexión. Asimismo, es fundamental conocer los intereses y necesidades del alumnado, para poder aterrizar empíricamente las propuestas interdisciplinarias a su realidad.

Al final del camino, la interdisciplinariedad en el aula de movimiento es mucho más que simplemente combinar contenidos de varias materias, representa un enfoque pedagógico que invita:

- a pensar de manera crítica y creativa,
- a buscar soluciones a problemas complejos,
- a explorar conexiones inesperadas, y
- a aprender de manera activa, participativa y significativa.

La interdisciplinariedad también tiene el potencial de democratizar el aprendizaje, al reconocer y validar diversas formas de saber y aprender. Los estudiantes que quizás luchan en materias más académicas pueden florecer en un entorno que valora el aprendizaje cinestésico, y viceversa.

Además, este enfoque permite a los estudiantes ver que el mundo es un sistema interconectado, en lugar de fragmentado en asignaturas aisladas. La capacidad de discernir estos sistemas y estos vínculos es una habilidad valiosa que nos permitirá enfrentar los retos del siglo XXI.

Los desafíos de la enseñanza interdisciplinaria no deben disuadirte de intentarlo. Al principio, puede requerir un tiempo y esfuerzo significativos para planificar y coordinar actividades interdisciplinarias. Sin embargo, al centrarse en la creación de un ambiente de aprendizaje dinámico y relevante, estarás preparando a los estudiantes para el mundo real, no solo para el aula de clases.

Los beneficios son incalculables. La interdisciplinariedad rompe barreras entre materias, propicia la comprensión de relaciones esenciales, estimula el pensamiento crítico y creativo, y muchas veces fomenta la curiosidad y el amor por el aprendizaje. Además, aporta una perspectiva más completa y relevante al currículo.

En conclusión, la LOMLOE representa no solo una ley, sino una oportunidad para repensar la Educación Física y explorar conexiones creativas con otras materias. Es un llamado a ser valientes, a romper las barreras tradicionales y a reflejar en nuestras aulas el entramado complejo y fascinante del conocimiento.

Si has llegado hasta aquí, ya debes tener una imagen clara de cómo la interdisciplinariedad en la Educación Física puede cambiar la forma en la que los estudiantes perciben y se relacionan con el mundo. Por supuesto, aún queda mucho por explorar y por aprender, pero cada paso que das en esta dirección está construyendo una educación del futuro. ¿Estás preparado para el próximo reto? Coge impulso, porque en el siguiente capítulo vamos a discutir cómo optimizar las instalaciones para el mejor desarrollo de la actividad física escolar.

¿Cómo optimizar el espacio para la EF?

7 El aprovechamiento del espacio

Optimizar instalaciones para el mejor desarrollo de la actividad física escolar

En este capítulo, nos centraremos en un aspecto esencial de la Educación Física pero a menudo eclipsado por otros factores: el espacio. El lugar en el que sucede la Educación Física, como cualquier contexto de aprendizaje, no es un elemento neutro. Por el contrario, cada rincón del gimnasio, cada metro del patio, cada grada o columna en el polideportivo tiene un papel crucial en cómo se desarrolla la enseñanza y cómo se aprende. Es crucial, entonces, reflexionar y planificar cómo utilizamos nuestros espacios para optimizar el aprendizaje de nuestro alumnado.

Prueba de ello es el concepto de la arquitectura del aprendizaje, un término que hace referencia a cómo se organizan espacios y tiempo para fomentar el aprendizaje (Yuriev, E., Naidu, V., Short, J.L. & Ugon, A., 2018). Bajo la LOMLOE, es fundamental aplicar este concepto a la Educación Física, creando situaciones de aprendizaje que aprovechen hasta el último centímetro cuadrado de nuestras instalaciones.

El primer paso consiste en entender nuestra relación con el espacio, tanto educadores como alumnos. A menudo, nos encontramos imponiendo límites artificiales dentro de un espacio ya confinado, limitando más aún nuestras posibilidades de acción. Rompe con los esquemas tradicionales y aprovecha cada parte de la instalación: gradas, paredes, esquinas. Piensa en cómo cada una de estas estructuras puede convertirse en una herramienta pedagógica.

Un ejemplo práctico de esto último sería el uso de las gradas. Estas pueden transformarse en una estación de ejercicio para ejercicios aeróbicos, un espacio de descanso o un área para observar y evaluar el rendimiento de los demás. Las paredes no tienen por qué ser simples límites territoriales, pueden convertirse en un lienzo para la anatomía o una guía para la secuencia de ejercicios.

En segundo lugar, piensa de manera interdisciplinar. No limites el espacio a los deportes de toda la vida que siempre se han practicado en un aula de Educación Física. Incorpora elementos de otras disciplinas, utiliza recursos para transformarlo y adaptarlo a necesidades diversas. Un escenario de teatro, una pista de danza, un cuadrilátero de boxeo, un recorrido de orientación… El espacio puede ser infinito si rompemos con los límites mentales que lo encasillan.

Los estudios indican que un diseño de espacio flexible tiene un impacto positivo en el aprendizaje de los estudiantes (Blackmore, J., Bateman, D., Loughlin, J., O'Mara, J., Aranda, G., 2011). Un espacio que se transforma y se adapta a diferentes tipos de actividades, promueve una enseñanza activa, flexible y centrada en el estudiante.

No obstante, una consideración importante es la seguridad. Cuando repensamos el espacio, deben tenerse en cuenta todos los posibles riesgos. Se debe asegurar una distribución que permita la supervisión y que reduzca la posibilidad de accidentes. Analiza este aspecto con detenimiento cada vez que rediseñes la distribución espacial, tomando en cuenta potenciales interacciones.

Considera también cómo puede afectar el espacio a la inclusión. Un uso diversificado del espacio permitirá ajustar el nivel de dificultad de las tareas para cada estudiante, creando una enseñanza más inclusiva y accesible. Por ejemplo, los circuitos con diferentes niveles de complejidad, que ofrezcan retos a cada alumno según sus capacidades, son excelentes estrategias de inclusión.

Por último, no olvides que el espacio tiene un efecto formativo. La forma en que un espacio está organizado puede enseñar a los estudiantes habilidades más allá de lo físico. Algunos ejemplos de cómo se puede aprender más allá de lo motor en Educación Física podrían ser:

- Dando autonomía para elegir situaciones.
- Otorgando responsabilidad a la hora de cuidar y preservar los espacios.
- Promoviendo la cooperación para que compartan y organicen tareas.

La LOMLOE apunta hacia una educación más completa, que va más allá de las competencias puramente académicas, hacia una formación integral del alumno. En esta línea, el espacio de la Educación Física puede y debe contribuir a desarrollar competencias emocionales, sociales y ciudadanas.

La Actitud Arquitectónica Pedagógica, una propuesta avanzada por Salinas, J., (2007), sugiere que los docentes deben considerar la redistribución física del espacio de aprendizaje, que no tiene por qué ser la tradicional, para facilitar la interacción y la construcción colectiva del conocimiento.

Imagina por un momento tu aula como un gran tablero de ajedrez donde cada pieza, cada movimiento, es una lección. No estamos solo moviendo fichas, estamos creando una dinámica de aprendizaje, donde cada desplazamiento tiene un objetivo pedagógico. Este enfoque estratégico es crucial para sacar el máximo provecho al espacio en tu enseñanza.

En resumen, el espacio es un elemento clave en la Educación Física que debemos reclamar como docentes. En las manos adecuadas, nuestras instalaciones pueden transformarse en potentes recursos pedagógicos. No se trata de hacer solo lo que el espacio permite, sino de convertir este en un aliado en la tarea docente, moldearlo y adaptarlo a la diversidad de situaciones de aprendizaje que la Educación Física puede ofrecer.

Tomemos este capítulo como un llamado a la acción, a repensar, a replantear, a romper con lo establecido y a explorar las posibilidades que nos ofrecen nuestros espacios. Abrazar la flexibilidad, la inclusión y el poder formativo de los espacios es sembrar la semilla de una Educación Física más rica, más inclusiva y más significativa en el marco de la LOMLOE.

Como pista para el próximo capítulo, entremos en el mundo de la tecnología. ¿Cómo, te preguntarás, puede afectar la tecnología a un área como la Educación Física, tradicionalmente asociada al movimiento y al ejercicio físico? Pronto lo descubrirás.

¿Cómo implementar tecnología en la EF?

8 Tecnología y Educación Física

Implementación de nuevas tecnologías para una Educación Física moderna

La tecnología ha penetrado todas las áreas de nuestra vida, es por lo tanto, poco sorprendente que también se haya infiltrado en la esfera educativa, dejándonos ante un horizonte lleno de posibilidades en la pedagogía activa en la Educación Física. Con el advenimiento de la Ley Orgánica de Modificación de la LOE (LOMLOE), la Educación Física se propone como un espacio vital para el desarrollo integral y la formación ciudadana, un propósito que puede ser enriquecido radicalmente mediante la implementación de tecnologías que acompañen, evalúen y diversifiquen el aprendizaje. Pero, ¿de qué formas puede integrarse la tecnología en la Educación Física en consonancia con la LOMLOE?

Para comenzar, esta pregunta nos lleva a observar a la Realidad Aumentada (RA) y la Realidad Virtual (RV) como medios potenciales para incrementar el compromiso de los estudiantes. Un estudio realizado por la Universidad de Salamanca en 2018 mostró que el uso de estas tecnologías logró un incremento del 15 % en la participación activa durante las clases de Educación Física en comparación con métodos convencionales.

Por otro lado, estas tecnologías permiten crear entornos virtuales que pueden estar adaptados a las habilidades, el nivel físico o las necesidades particulares de cada persona, cumpliendo así con la esencia individualizada del aprendizaje propuesta por la LOMLOE.

Sin embargo, las capacidades de la tecnología van más allá de la gamificación y la simulación de contextos educativos. Las tecnologías digitales también ofrecen acceso a información de evaluación cuantitativa y cualitativa sobre el rendimiento del estudiante casi en tiempo real. El uso de wearables, como pulseras de actividad o relojes inteligentes, permiten la medición precisa del rendimiento físico y cardiovascular, lo que ofrece, a su vez, posibilidades para un seguimiento personalizado, adaptado a las capacidades y mejoras individuales de cada estudiante.

En paralelo a las posibilidades cuantitativas de evaluación, también podemos apreciar cómo la tecnología puede enriquecer la autoevaluación y la evaluación mutua entre compañeros. Las grabaciones con cámaras de acción, por ejemplo, permiten que los estudiantes puedan verse a sí mismos en movimiento, identificando sus propias fortalezas y áreas de mejora. De igual forma, esta herramienta permite fomentar la empatía y la comprensión mutua entre estudiantes al observar el desempeño de sus compañeros, viéndose reflejado en los requerimientos de la LOMLOE sobre la educación en valores y el aprendizaje mutuo.

La incorporación de aplicaciones móviles y plataformas digitales también ofrece oportunidades para mantener a los estudiantes motivados y comprometidos. Estas herramientas pueden:

- gamificar el aprendizaje,
- incorporar retos y objetivos,
- permitir un seguimiento constante del rendimiento físico y las mejoras realizadas,
- y, a la vez, pueden propiciar una cultura de la actividad física fuera del aula.

Al respecto, un estudio de la Universidad de Barcelona en 2019 demostró que los estudiantes que usaban aplicaciones móviles para la actividad física reportaban un aumento en la motivación en un 20 % superior al de sus compañeros que no las utilizaban.

Pero la integración de la tecnología en la Educación Física va más allá de su aplicación directa en el aula. En el terreno de la formación y actualización profesional, también hay espacios evidentes para el uso de tecnologías. A través de plataformas online, como webinars, cursos de formación y grupos de discusión, los profesionales de la Educación Física pueden compartir experiencias, acceder a actualizaciones metodológicas y recibir formación continua.

Hablamos así de un escenario en el que los profesores pueden beneficiarse de la tecnología no solo para planificar y adaptar sus lecciones, sino también para facilitar la interacción con los estudiantes, compartir recursos e ideas, y fomentar un entorno de colaboración y aprendizaje mutuo. La plataforma digital Google Classroom, por ejemplo, facilita este tipo de interacciones y ha demostrado ser una herramienta efectiva para el seguimiento académico y la comunicación ágil entre docentes y estudiantes.

Con todo ello, no podemos obviar los retos que supone la implementación de la tecnología en el aula. El acceso a los recursos tecnológicos puede ser desigual y, además, dependerá de unos procesos de adaptación y aprendizaje por parte del profesorado. A pesar de estos escollos, resulta indudable que apostar por la integración de la tecnología en la pedagogía de las clases de Educación Física otorgará un enriquecimiento significativo de la praxis docente en concordancia con la LOMLOE.

Así pues, la implementación de la tecnología en la Educación Física puede ser abordada desde diversas perspectivas y enfocada hacia objetivos diferentes. Pero en todos los casos, la tecnología representa un aliado poderoso en el objetivo de proporcionar una Educación

Física moderna, inclusiva y motivadora, todo en sintonía con el espíritu de la LOMLOE. La integración de las tecnologías digitales en el aula puede:

- mejorar el compromiso y responsabilidad de los estudiantes en su propio aprendizaje,
- proporcionar una atención y seguimiento individualizado,
- y, al mismo tiempo, promover la cooperación y la empatía.

Imagina, entonces, una clase de Educación Física donde la tecnología se convierte en un compañero de viaje. Una clase donde la Realidad Aumentada abre la puerta a experiencias únicas y personalizadas, donde la evaluación se convierte en un proceso de retroalimentación constante gracias a wearables y cámaras de acción, y donde la motivación se mantiene alta con la ayuda de aplicaciones y juegos.

No menos importante, imagina también un espacio en el que, como docente, puedes seguir aprendiendo y actualizándote, puedes compartir tus experiencias y aprender de tus colegas a través de plataformas digitales y comunidades de práctica. En este escenario, la tecnología no es una amenaza, sino un verdadero aliado para la Educación Física.

La implementación de la tecnología en la Educación Física no es reflejo de una moda pasajera, sino que dicta una tendencia insoslayable de la modernidad educativa. En este sentido, debemos entender la tecnología no como un fin en sí mismo, sino como un medio para alcanzar los objetivos propuestos por la LOMLOE. Los desafíos que plantea son palpables, pero sus potencialidades son enormes.

Así, con base en todos los argumentos expuestos, queda claro que la implementación de nuevas tecnologías en la Educación Física es un paso imprescindible para construir una formación escolar coherente con los desafíos y las posibilidades del siglo XXI. Atrévete, entonces, a cruzar el umbral y a sumergirte en la onda tecnológica que promete hacerte bailar al ritmo que marca la LOMLOE.

Al avanzar en este viaje, te invito a que en el próximo capítulo, "Aprendizaje social y emocional. La importancia de la inteligencia emocional en el contexto de la Educación Física", profundicemos juntos en la relevancia de fomentar en nuestros alumnos habilidades que vayan más allá del aspecto físico. Nos veremos allí.

¿Cómo fomentar la inteligencia emocional en la EF?

9 Aprendizaje social y emocional

La importancia de la inteligencia emocional en el contexto de la Educación Física

Habiendo indagado profundamente en el alcance y la importancia de la Ley Orgánica de Modificación de la Ley Orgánica de Educación, la conocida como LOMLOE, nos adentramos en un terreno en el que la Educación Física adquiere una dimensión esencialmente humana: la inteligencia emocional. Este terreno, lejos de ser un apartado secundario, supone una reconfiguración profunda de lo que entendíamos por Educación Física. La LOMLOE nos invita a integrar la inteligencia emocional de una manera unificadora y armónica.

El arte de conocer y gestionar nuestras emociones, eso que denominamos como inteligencia emocional, es clave para el desarrollo del individuo y para la interacción social efectiva. Estudios de la psicología positiva sustentan su trascendencia: su influencia en la felicidad, el bienestar y el rendimiento académico. El entorno de la Educación Física, por su carácter participativo y social, se convierte en un escenario perfecto para cultivar esta inteligencia.

Además, la inteligencia emocional es una habilidad transversal con las demás materias, donde el conocimiento autónomo se fundamenta en la capacidad de autogestión emocional. Así, la figura del profesor de Educación Física no solo se centra en el desarrollo físico del alumno, sino también en el emocional. La autogestión, autoconciencia, automotivación, las habilidades sociales y la empatía se convierten en el núcleo de su papel pedagógico, debe ser un guía y un referente en el desarrollo emocional de los alumnos.

La LOMLOE, en su artículo 43, establece que "los currículos se basarán en una metodología activa, que fomente el pensamiento crítico". En este componente "activo" se incluye tanto la actividad física como la emocional. De acuerdo con estudios científicos publicados en la revista "*Learning and Instruction*", la integración de la educación emocional inmersa en pedagogías activas, promueve mayores niveles de rendimiento académico y menor probabilidad de abandonar estudios.

Guía y referente

DESARROLLO EMOCIONAL DEL ALUMNADO

Desde la práctica, la Educación Física puede convertirse en el semillero perfecto para el cultivo de la inteligencia emocional. Qué puede ser trabajado a través de distintas dinámicas deportivas:

- los retos físicos,
- la cooperación en equipo,
- la gestión de la victoria y la derrota,
- el respeto por las normas
- y la empatía.

De esta manera, el docente puede convertir las clases en laboratorios de emociones, donde el alumnado aprenda a reconocer, manejar y expresar sus sentimientos.

Te preguntarás, ¿cómo podemos implementar la educación emocional en nuestras clases? Empecemos por comprender que la inteligencia emocional no se desarrolla del mismo modo que las habilidades motoras. No es algo que se plantea como contenido específico a enseñar, tiene que estar integrado en la metodología docente. Es un camino que como docente, obliga a la autoexigencia en el análisis de las propias competencias emocionales.

METODOLOGÍA INTEGRADA

Para poder integrar la inteligencia emocional en nuestra práctica docente, debemos fomentar una conexión emocional con los alumnos, que podemos conseguir:

- permitiéndoles expresar sus emociones,
- fomentando la libertad de pensar y sentir
- y ayudándoles a entender sus propias emociones y las de los demás.

Es fundamental que, en este proceso, el docente esté dispuesto a compartir y modelar la gestión emocional.

Un enfoque constructivista puede ser muy efectivo en la enseñanza de la inteligencia emocional. Este enfoque conduce a la exploración, la investigación y el descubrimiento como protagonistas del aprendizaje. Mediante la mediación y el acompañamiento docente, los alumnos crean su propio conocimiento emocional, basado en experiencias y reflexión personal, en lugar de recibirlo pasivamente.

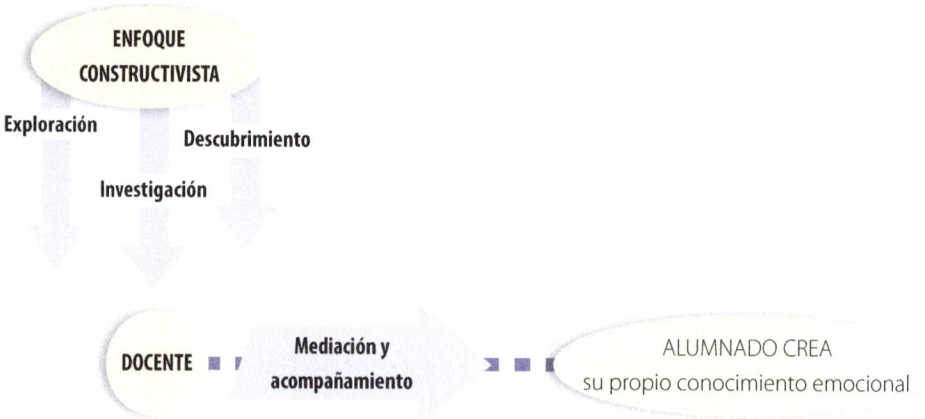

Así mismo, la educación emocional se puede integrar a través de la metodología del aprendizaje-servicio. Los alumnos pueden diseñar y ejecutar proyectos de ayuda a la comunidad local que están relacionados con la actividad física. Este tipo de actividades no solo promueven la salud física y la cooperación, sino que también fomentan una conciencia social y fortalecen la autoestima y las habilidades de liderazgo.

Ahora bien, es fundamental que el docente adquiera una formación adecuada para distinguir, interpretar y responder correctamente a las emociones que se originan en el aula. Esto subraya la necesidad de una actualización permanente del profesorado no solo en términos de saberes técnicos y didácticos, sino también emocionales.

Hacer de cada actividad física un espacio de aprendizaje emocional requiere un cambio de mentalidad por parte del docente. En lugar de priorizar el rendimiento físico y deportivo, debemos concentrarnos en el valor humano y social de cada actividad. No se trata tanto de destacar en un deporte, sino de encontrar formas de relacionarse con uno mismo y con los demás de una manera saludable y respetuosa.

Inevitablemente, no podemos olvidar que el docente es modelo de comportamiento para las personas que educa y puede reflejar la manera de relacionarse con uno mismo, con los otros y con el entorno. Este modelo puede influir en la configuración de la identidad personal y social de los alumnos, así como en los comportamientos que manifiestan en diferentes contextos.

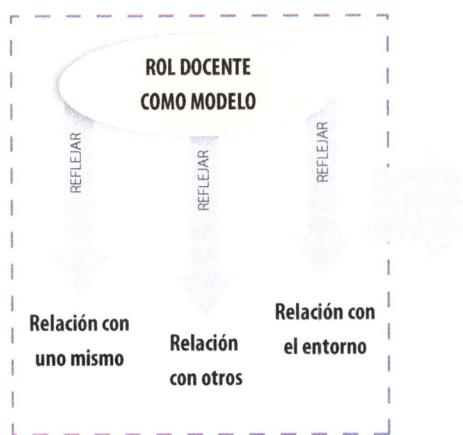

- Influencia en la configuración de la identidad personal y social del alumnado
- Impacto en los comportamientos en diferentes contextos

Más allá de un cambio de mentalidad por parte del profesorado, las instituciones educativas deben apoyar y fomentar la implementación de la educación emocional en todas las materias y etapas educativas, pero especialmente en la Educación Física, donde su práctica puede tener un impacto particularmente significativo.

En cuanto a las evaluaciones, sería recomendable adoptar herramientas de evaluación formativa que nos permitan conocer los progresos del alumnado en:

- Las habilidades claves, como:
  - el autoconocimiento,
  - la automotivación,
  - la empatía.
- Las habilidades sociales.

Debemos recordar que lo que evaluamos y cómo lo evaluamos refuerza lo que valoramos a nivel educativo –y en este caso, esto son habilidades esenciales para la vida.

Por todo lo anterior, el gran reto de la Educación Física es conseguir enseñar a los alumnos a moverse con inteligencia. Y para ello, se hace indispensable que nuestra pedagogía refleje y exprese de forma integral la inteligencia emocional.

Antes de cerrar este capítulo, te adelantamos que el siguiente desafío que la LOMLOE nos presenta es la inclusividad. Abordaremos estrategias innovadoras para hacer de la Educación Física una práctica equitativa y respetuosa con las diferencias y necesidades del alumnado. ¿Estás listo para asumir este nuevo reto?

¿Cómo lograr una EF inclusiva?

10 La Educación Física inclusiva

Estrategias para una práctica inclusiva que acoja la diversidad del alumnado

En esta era de la inclusión y la diversidad, la Educación Física no puede quedarse atrás. La LOMLOE, al abogar por una enseñanza inclusiva que promueva la equidad y valore la diversidad, proporciona una oportunidad única para hacer de nuestras aulas espacios más inclusivos y accesibles. Ahora, la pregunta es ¿cómo implementar esta visión en la práctica de la Educación Física?

Un primer paso crucial es el cambio de mentalidad. Debemos reconocer que cada estudiante es único y valioso en su diversidad. La inclusión no es solo sobre adaptaciones para estudiantes con discapacidades; implica esfuerzos para garantizar que todos los jóvenes, independientemente de su habilidad física, género, origen étnico, orientación sexual o estatus socioeconómico, puedan participar plenamente y beneficiarse de la Educación Física.

Nuestra pedagogía debe reflejar esta mentalidad. Esto significa reevaluar y renovar nuestras estrategias de enseñanza. Por ejemplo, podemos alejarnos de los métodos que enfatizan la competición y priorizan a los estudiantes atléticamente dotados, y acercarnos a modelos que promuevan la colaboración, la superación personal y una relación saludable con el movimiento y el cuerpo.

Como parte de este cambio, es fundamental crear un ambiente de aula positivo y acogedor. Desde el principio, debemos establecer claramente que no se tolerará la discriminación ni el acoso, y que todos son bienvenidos en nuestra aula, independientemente de su habilidad o antecedentes. Con esfuerzo, respeto y cooperación, todos pueden lograr sus metas de aprendizaje y disfrutar del movimiento.

Además, debemos considerar la accesibilidad de todos los aspectos de nuestras lecciones, esto abarca:

- la accesibilidad física, eliminando barreras arquitectónicas y proveyendo equipamientos y materiales accesibles;
- la accesibilidad instruccional, utilizando un lenguaje claro, ejemplos visibles y múltiples formas de explicar y practicar habilidades;
- y la accesibilidad social, fomentando la interacción entre todos los estudiantes y el respeto a las diferencias.

Otra consideración clave es la adaptación de las actividades a las necesidades y habilidades individuales. Bajo la lente de la inclusión, el "talla única" ya no sirve. Necesitamos adaptar, diferenciar y personalizar nuestras instrucciones, tareas y criterios de evaluación para atender a la diversidad de nuestro alumnado. Todo estudiante merece tener desafíos adecuados y la oportunidad de éxito.

Sin embargo, no debemos olvidar que la diversidad no es solo acerca de las diferencias individuales. También se trata de culturas, experiencias, actitudes y perspectivas colectivas. Así, podemos aprovechar la diversidad como una rica fuente de aprendizaje, introduciendo prácticas de movimiento de diversas culturas y promoviendo la discusión crítica sobre cuestiones sociales y éticas relacionadas con el deporte y la cultura física.

Mientras tanto, deberíamos trabajar en estrecha colaboración con otros profesionales y entidades. Los equipos multidisciplinares, que pueden incluir a psicólogos, terapeutas ocupacionales o fisioterapeutas, pueden ser aliados valiosos para atender las necesidades especiales de ciertos estudiantes. Las asociaciones con organizaciones comunitarias o clubs deportivos pueden ofrecer recursos y oportunidades adicionales para nuestros estudiantes.

Recordemos también que la inclusión es un viaje, no un destino. Nuestro compromiso con la inclusión debe ser revisado y actualizado constantemente. Este esfuerzo requiere reflexión, autoevaluación, formación continua y disposición para innovar y aprender de nuestros errores.

¿Es todo esto un desafío? Sin duda. ¿Es factible? Absolutamente. Hay numerosos ejemplos de casos de éxito en la literatura pedagógica, muchas de las estrategias propuestas han sido probadas y validadas en diversas situaciones y contextos. La clave está en nuestra voluntad de cambio y nuestras ganas de aprender y crecer junto a nuestros estudiantes.

Más allá de todo, recordemos que lo que está en juego es profundamente importante. No estamos hablando solo de una asignatura más en el currículo escolar. Estamos hablando del derecho de todos los jóvenes a moverse, a disfrutar de la actividad física, a conocer y valorar su cuerpo, a desarrollar habilidades de vida útiles como la cooperación, la resiliencia y la autodisciplina. Estamos hablando, en última instancia, de su bienestar integral y su capacidad para llevar una vida activa y saludable.

En este contexto, nuestra responsabilidad es grande, pero también lo son las recompensas. Cada vez que un estudiante se une a una actividad después de haberse sentido excluido; cada vez que un estudiante se da cuenta de que pueden hacer algo que antes creían imposible; cada vez que un estudiante descubre el placer del movimiento y decide seguir activo fuera de la escuela, estamos haciendo una diferencia. Y esta es, sin duda, una de las experiencias más gratificantes de nuestro oficio.

Así que, estimado lector, te animo a adoptar la causa de la Educación Física inclusiva con corazón y valor. Conozco las dificultades y los desafíos, pero te aseguro que vale la pena. Como afirma la LOMLOE, nuestra misión es ayudar a cada estudiante a "desarrollar al máximo sus capacidades" y a "participar y desarrollar una vida social plena y activa". Y juntos, podemos hacerlo realidad.

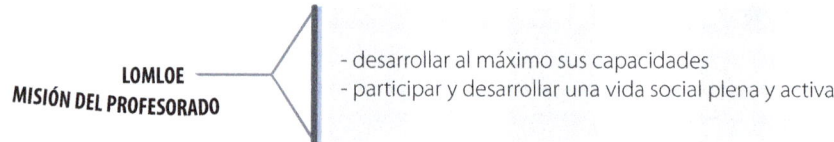

LOMLOE
MISIÓN DEL PROFESORADO
- desarrollar al máximo sus capacidades
- participar y desarrollar una vida social plena y activa

Ahora, uno podría preguntarse, ¿cómo podemos movilizar a nuestros estudiantes hacia un aprendizaje más activo y participativo en la Educación Física? Bueno, hay una propuesta innovadora y efectiva para esto: la gamificación. En resumidas cuentas, se trata de aplicar elementos y técnicas de juego en contextos educativos para aumentar la motivación y el compromiso de los estudiantes.

El próximo capítulo, "Gamificación del movimiento. Uso de juegos y retos para fomentar la motivación y el aprendizaje en Educación Física", te guiará a través de este enfoque revolucionario, te brindará consejos prácticos y te inspirará con ejemplos de aplicación en la Educación Física. ¿Estás listo para jugar?

¿Cómo usar juegos y retos en EF?

11 Gamificación del movimiento

Uso de juegos y retos para fomentar la motivación y el aprendizaje en Educación Física

Con la aplicación de la Ley Orgánica de Modificación de la Ley Orgánica de Educación (LOMLOE) el docente de Educación Física se encuentra ante la oportunidad de romper moldes y reformular las dinámicas de enseñanza-aprendizaje en el aula. En este nuevo escenario, la gamificación emerge como una técnica innovadora y transformadora que puede enriquecer el área de Educación Física, fomentando la motivación y generando un aprendizaje significativo y duradero.

La gamificación consiste en la aplicación de mecánicas de juego en contextos no lúdicos, como es el caso del aula. Según investigaciones en el campo pedagógico, esta técnica puede fortalecer los procesos educativos, mejorando la motivación, la atención, el esfuerzo y la retención de la información. La gamificación tiene el poder de transformar el aula en un espacio de desafíos y logros que estimulan al estudiante en su proceso de aprendizaje.

Cuando aplicamos la gamificación en Educación Física, convertimos nuestro espacio de aprendizaje en un terreno de juego. Para ello, debemos diseñar actividades que se articulen en torno a mecánicas de juego: reglas, retos, niveles, puntuaciones, recompensas, etc. Así, la gamificación recubre de ludicidad las actividades físico-deportivas, ampliando las posibilidades de interacción, exploración y experimentación de nuestro alumnado.

Para el adecuado diseño de estas actividades es fundamental tener en cuenta algunas premisas:

- Primero, los juegos deben estar orientados a la consecución de los objetivos de aprendizaje propuestos.
- Por otro lado, es esencial garantizar la inclusión de todo el alumnado, adaptando los retos y dificultades al nivel de habilidad y condición física de cada estudiante.
- Finalmente, es importante que el juego fomente el trabajo en equipo y la cooperación.

Estimular el afán de superación es otro de los grandes beneficios de la gamificación. Con los desafíos y logros, se promueve el desarrollo personal, la autoestima y la perseverancia. Además, las recompensas son un poderoso estímulo para mejorar y superarse, pues permiten visibilizar y valorar el esfuerzo y los logros alcanzados como un acto meritorio.

A su vez, la gamificación puede ser un valioso instrumento para la enseñanza de diferentes contenidos en Educación Física. Por ejemplo, es posible aplicarla para el aprendizaje de reglas de deportes específicos, para la mejora de capacidades físicas como la resistencia, la velocidad o la coordinación, o incluso para el trabajo de valores, como el respeto, la solidaridad o el juego limpio.

Para poder gamificar tu asignatura de manera efectiva, uno de los primeros pasos a seguir es definir claramente los objetivos de aprendizaje. Estos serán la guía de las acciones de juego y los criterios para establecer las recompensas y logros. Después, es necesario diseñar los retos y las reglas del juego, eligiendo aquellos elementos que refuercen los comportamientos y habilidades que se buscan desarrollar.

En este proceso, se puede hacer uso de herramientas tecnológicas que faciliten la implementación de la gamificación en el aula. Por ejemplo, existen apps y plataformas digitales que permiten crear juegos y retos de manera sencilla, o incluso llevar un seguimiento de las puntuaciones, logros y progresos de los estudiantes.

Recuerda que cada grupo de estudiantes es diferente, por lo que la estrategia de gamificación requerirá de ajustes y modificaciones conforme al contexto y las características del propio alumnado. La observación y la escucha activa resultan imprescindibles para comprender sus intereses y motivaciones, y así poder proponer actividades que sean motivadoras y significativas para ellos.

En este sendero de innovación educativa, pueden surgir dudas y resistencias, tanto por parte del mismo docente como del alumnado o las familias. Es crucial validar estos temores, ofrecer información sobre los beneficios de la gamificación y su capacidad para fomentar un aprendizaje activo, inclusivo y significativo. En este proceso, la formación continua del docente en esta metodología será fundamental.

La evaluación es un aspecto indispensable en cualquier proceso de enseñanza-aprendizaje, y la gamificación no es la excepción. En este caso, además de evaluar el logro de los objetivos de aprendizaje, es esencial prestar atención a cómo el juego está influyendo en la motivación, la participación y la convivencia en el aula.

Finalmente, es importante tener en cuenta que la gamificación no debe ser vista como un fin en sí mismo, sino como una herramienta que nos ayuda a potenciar un tipo de aprendizaje activo, participativo y positivo. Así, la gamificación es un medio, no un fin; su éxito depende de su adecuada implantación y adaptación al contexto y al alumnado.

Además, debemos evitar caer en la creencia de que todo el contenido debe ser gamificado para ser efectivo. La gamificación es una técnica más en nuestro arsenal de estrategias pedagógicas, y debemos utilizarla en función de nuestros objetivos y del interés de nuestros alumnos.

En conclusión, la gamificación en la Educación Física, cuando está bien diseñada e implementada, puede dar lugar a experiencias de aprendizaje potentes y transformadoras. No solo mejora la motivación y la participación, sino que contribuye al desarrollo de habilidades y competencias esenciales, como:

- el trabajo en equipo,
- la resolución de problemas,
- la creatividad
- y la autoestima.

Queda por delante el reto de explorar cómo esta metodología puede articularse con el resto de novedades introducidas por la LOMLOE para la Educación Física. En el próximo capítulo, te invito a adentrarte en el desafiante e innovador terreno de la conciencia corporal y la salud, y cómo a través de la Educación Física podemos fomentar hábitos saludables y un conocimiento profundo del cuerpo en nuestros estudiantes.

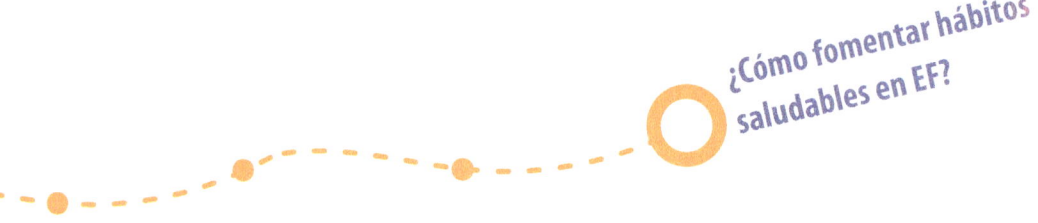

¿Cómo fomentar hábitos saludables en EF?

12 Conciencia corporal y salud

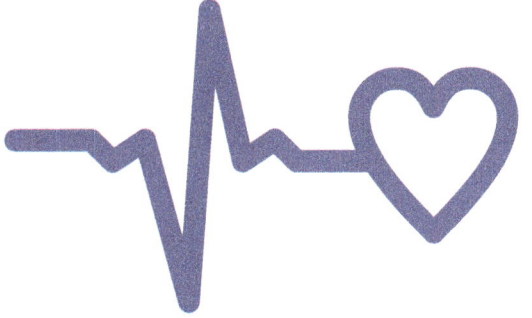

Fomentar hábitos saludables y un conocimiento profundo del cuerpo a través de la educación

Comenzaremos con una pregunta: ¿Cómo puedo potenciar a través de la Educación Física hábitos saludables y un conocimiento integral del cuerpo en mis alumnos? La respuesta es sencilla: adoptando la LOMLOE como guía para el diseño y ejecución de tus clases. Tu responsabilidad como educador físico es el óptimo desarrollo físico de tus alumnos, esto implica, entre otras cosas, enseñarles cómo cuidar su cuerpo y cómo mantenerlo saludable.

El establecimiento de hábitos saludables desde temprana edad es crucial para garantizar el bienestar físico y mental de nuestros alumnos. Según estudios recientes, existe una relación directa entre la adquisición de hábitos saludables durante la adolescencia y la prevención de enfermedades crónicas en la edad adulta. La LOMLOE reconoce esta realidad y refuerza la importancia de promover estos hábitos en la educación.

HÁBITOS DE VIDA SALUDABLE

Esto consolida la responsabilidad que tenemos como educadores físicos de enseñar a nuestros alumnos a comprender su cuerpo y cuidarlo. Y esta tarea es todo menos trivial: implica desde explicarles la importancia de una correcta alimentación hasta enseñarles a escuchar a su cuerpo, es decir, a ser conscientes de las señales que les está enviando.

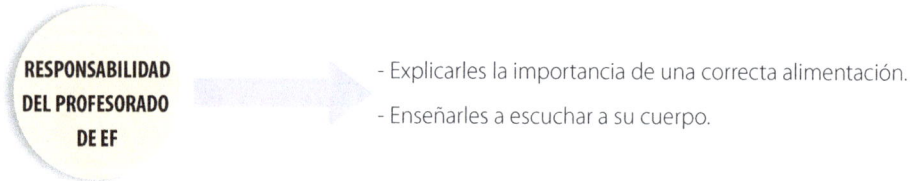

RESPONSABILIDAD DEL PROFESORADO DE EF

- Explicarles la importancia de una correcta alimentación.
- Enseñarles a escuchar a su cuerpo.

Respecto a la alimentación, sabemos que esta interviene directamente en la capacidad física. Es el combustible necesario para que el cuerpo pueda moverse con energía. Pero la relación va más allá. En una investigación reciente se descubrió que los estudiantes que mantenían buenos hábitos alimenticios obtenían mejores notas y se sentían más felices que los que no lo hacían. Una buena alimentación es la base, encárgate de recordárselo a tus alumnos a través de tus clases.

En cuanto a escuchar a su cuerpo, está el hecho de reconocer los límites de su capacidad física para evitar lesiones, a la vez que se retan a sí mismos para mejorar. Siguiendo este enfoque, las exigencias de tus clases deben ser individuales y progresivas. No todos tus alumnos avanzan al mismo ritmo, y no todos tienen las mismas capacidades, respetar esta realidad es fundamental.

Podemos resumirlo en un solo concepto: autoconocimiento corporal. Es el conocimiento de las propias capacidades y límites físicos, de las necesidades nutritivas, de las habilidades motrices y de la reacción ante el esfuerzo físico. Los niños deben aprender a asociar mentalmente el movimiento con un sentimiento positivo y reconfortante para poder apreciar el valor de la actividad física.

La propuesta para innovar en la enseñanza de la conciencia corporal y sanitaria es fomentar la participación del alumno de manera activa en su propio proceso de aprendizaje. Para lograr esto, se pueden usar dinámicas que favorezcan la autoobservación y la reflexión sobre su cuerpo y su salud.

Uno de los aspectos clave es la adopción de medidas preventivas para evitar lesiones. Puedes aportar muchísimo a tus alumnos dando directrices claras sobre cómo realizar los ejercicios correctamente y transmitiéndoles la importancia de preparar el cuerpo para evitar lesiones. Enseña a tus alumnos a precalentar correctamente y a enfriar después de la actividad física.

Además, es imperativo fomentar el aprendizaje sobre los patrones de movimiento. Este conocimiento profundo puede ayudar a los alumnos a:

- mejorar su rendimiento en los deportes y actividades físicas,
- disminuir el riesgo de lesiones
- y optimizar su eficiencia motriz.

Este aprendizaje debería ser una constante a lo largo de la formación de los estudiantes, y tú tienes un papel crucial en su desarrollo.

La Educación Física puede también ayudar a desarrollar una mejor conciencia de las propias emociones. Varias investigaciones han demostrado que la actividad física puede ayudar a la regulación emocional y a lidiar con el estrés. El deporte no solo potencia la salud del cuerpo, sino también de la mente.

Para ayudar a tus alumnos a tomar conciencia de su cuerpo, hay que desmitificar algunos conceptos. No todos los cuerpos deben ser delgados para estar sanos o son eficientes en la práctica deportiva. Hay que trabajar para que cada alumno aprecie su cuerpo y lo cuide, independientemente de cómo se vea.

Es esencial también desarrollar la autonomía en el cuidado del cuerpo. Esta autonomía significa que los alumnos sean capaces:

- de dirigir su propia actividad física,
- de establecer sus propias metas
- y de tomar decisiones importantes en cuanto a su salud.

Recuerda que no se trata solo de lo físico, sino también de fomentar una buena relación con uno mismo y con el cuerpo que se habita. El deporte es una forma de conectar con lo que somos y nuestras posibilidades. Es una vía para la autoaceptación, que al final resulta en una mayor autoestima y satisfacción personal.

Como educadores, es fundamental que pongamos esto al frente de nuestras prácticas docentes. No olvides que la Educación Física no es solo entrenar el cuerpo, sino también enseñar a los jóvenes a tener una relación saludable y positiva con su cuerpo, consigo mismos y con su salud.

¿Estás preparado para el reto? Prepárate para explorar cómo el deporte escolar puede jugar un papel fundamental en promover un estilo de vida sostenible. No solo se trata de aprender a vivir de una manera más respetuosa con el medio ambiente, sino también con nuestro cuerpo. En el próximo capítulo hablaré de cómo implementar esta visión sostenible en tus clases. Te invito a que me acompañes.

¿Cómo promover la sostenibilidad con la EF?

13 La sostenibilidad en el deporte escolar

Educación Física y su papel en promover un estilo de vida sostenible

¿Has considerado alguna vez cuán imperioso es promover un estilo de vida sostenible mediante la educación Física en la escuela? No estamos hablando solo de fomentar un estilo de vida saludable entre tus estudiantes, sino de trascender aún más, al ámbito medioambiental y social. Un cambio significativo se está produciendo en el curso de la Educación Física –una revolución prodigiosa que veremos reflejada en la LOMLOE. La sostenibilidad en el deporte escolar es un tema certero, una pieza distintiva de la ecuación educativa que dará sentido a la enseñanza.

La sostenibilidad es un concepto que refiere al "conjunto de prácticas que buscan satisfacer las necesidades presentes sin comprometer las de futuras generaciones" (Bruntland Report, 1987). Aplicado a la Educación Física, integra tres dimensiones complementarias:

- una personal, refiriéndose al cuidado del cuerpo y la salud;
- una social, que promueve el trabajo en equipo y valores como respeto y tolerancia;
- y una ambiental, que fomenta la conciencia de conservación del medio natural.

Para empezar, veamos cómo podemos establecer conexiones inherentes entre la Educación Física y la dimensión personal de la sostenibilidad. La salud física y mental de los estudiantes son factores trascendentales en su rendimiento dentro y fuera del aula. Fomentar un estilo de vida activo y saludable ayudará a prevenir enfermedades y problemas de salud futuros. La Educación Física, centrada en el movimiento, es una vía maestra en la promoción de este objetivo.

La dimensión social, por su parte, se enfoca en la construcción de relaciones resilientes y enriquecedoras y la posibilidad de trabajar en grupo. Las lecciones de Educación Física aportan una oportunidad dorada para que nuestros estudiantes puedan construir y cimentar su sentido de pertenencia, equidad, tolerancia y solidaridad – valores de suma importancia para el mundo en que vivimos.

Finalmente, pero igual de vital, encontramos la dimensión ambiental. Los espacios naturales a menudo se emplean como campos de juego durante las clases de Educación Física. Este contexto permite la implementación de una educación ambiental integral que instruya a los estudiantes sobre la importancia de cuidar y respetar nuestro entorno. Hablamos de enseñar mediante prácticas ecológicas, reducir el desperdicio, utilizar recursos de manera óptima, entre otras claves.

Ahora que contamos con un entendimiento iluminado de lo que implica la sostenibilidad en el deporte escolar, ¿cómo lo incorporamos de forma efectiva en nuestras clases? Primero, es crucial incluir el tema de la sostenibilidad como un aspecto fundacional en nuestras planificaciones. Las lecciones deben ser diseñadas considerando no solo los aspectos físicos, sino además los aspectos sociales y ambientales de la educación.

Podemos diseñar actividades que promuevan la conexión con la naturaleza, fomentar la participación en proyectos comunitarios y discutir temas de sostenibilidad en el contexto del deporte escolar. Algunos ejemplos pueden ir desde la realización de actividades al aire libre que promuevan la apreciación y protección del medio ambiente, hasta charlas o debates sobre el uso sostenible de los recursos en el deporte.

La cotidianidad de nuestros espacios de enseñanza también está plagada de oportunidades para demostrar prácticas sostenibles. Por ejemplo, ¿has considerado alguna vez los recursos que utilizas en tus clases de Educación Física? Brindar opciones para utilizar materiales reciclados o reciclar materiales utilizados en clase puede formar parte de las lecciones cotidianas de sostenibilidad.

En términos de la dimensión social, podríamos fomentar actividades de formación de equipos que mejoren las habilidades de colaboración y el respeto mutuo entre los estudiantes. También podríamos abordar temas como la equidad en el deporte y la promoción de un entorno de aprendizaje inclusivo.

En cuanto a la dimensión personal, el fomento de la autogestión y la responsabilidad con respecto a la salud y la forma física puede ser catalizado por la Educación Física. Esto podría implicar la enseñanza de rutinas de entrenamiento personalizadas y la integración de actividades de acondicionamiento físico sostenibles.

Al momento de evaluar, es relevante incorporar criterios que estén alineados con los aspectos de sostenibilidad que hemos discutido. Preguntas claves pueden ser:

- ¿Cómo han demostrado los estudiantes una comprensión del impacto ambiental en el contexto de la Educación Física?
- ¿De qué manera han trabajado en equipo y mostrado respeto mutuo?
- ¿Cómo han demostrado un compromiso con su salud y bienestar personal?

Si bien a veces puede parecer una tarea desalentadora, es importante recordar que cada esfuerzo cuenta. Las acciones que realicemos hoy, por pequeñas que parezcan, conformarán una huella transformadora en nuestros estudiantes y, por ende, en la sociedad.

En conclusión, la incorporación de la sostenibilidad en la Educación Física es un paso significativo en la formación de individuos conscientes, responsables y activos. Este enfoque no solo conlleva beneficios para los estudiantes y para el medio ambiente, sino que también hace que la Educación Física sea realmente relevante y contextualizada, fortaleciendo su papel dentro de la educación integral.

SOSTENIBILIDAD EN LA EF → INDIVIDUOS → CONSCIENTES RESPONSABLES ACTIVOS

¿Estás listo para el desafío? En el próximo capítulo, exploraremos formas de crear un currículo emocionante en Educación Física, uno que no solo sea pertinente, sino que también inspire e involucre a tus estudiantes en la construcción de su aprendizaje. Nuestro viaje por la sostenibilidad nos brinda la ventaja de contar con valiosas herramientas pedagógicas que seguramente encontrarán espacio en tu renovado currículo.

¿Cómo crear un currículo emocionante para EF?

14 Creando un currículo emocionante

Técnicas para desarrollar un plan de estudios que entusiasme y comprometa

El espacio en el que nuestros estudiantes se encuentran a diario representa una gran oportunidad para crear un aprendizaje emocionante, lleno de misterios y descubrimientos. Aquí es donde nace la idea de un currículo emocionante para la Educación Física, una nueva forma de pensar y realizar la pedagogía que motiva y compromete. Entender su importancia nos permitirá aprovechar las oportunidades que la LOMLOE nos brinda para repensar nuestra estrategia docente.

Primero, pensemos en cómo un currículo puede ser emocionante. A primera vista, esto parecería ser una contradicción en los términos. ¿Cómo podría un plan de estudio ser emocionante? Sin embargo, la palabra 'emocionante' se refiere menos a la emoción y más a la premisa de que el aprendizaje puede ser un proceso atractivo, intrigante y lleno de descubrimientos. Si lo imaginamos como una novela de aventuras en lugar de un manual aburrido, nos damos cuenta de que el currículo puede ser la columna vertebral de un viaje apasionante.

Las investigaciones avalan esta idea sugiriendo que los estudiantes están más comprometidos y motivados cuando se les presenta un currículo relevante, significativo y estimulante. Por ejemplo, un estudio publicado en la Revista *International Journal of Educational Research* concluyó que un currículo emocionante puede aumentar la motivación intrínseca de los estudiantes, un elemento esencial para el aprendizaje profundo y duradero.

Pero, ¿cómo puede ser esto posible dentro del marco dado por la LOMLOE? Bueno, la ley proporciona ciertas pautas y regulaciones sobre cómo el currículo debe ser estructurado, pero también otorga a los maestros la libertad de diseñar y presentar sus lecciones de manera que se ajusten a las necesidades e intereses de sus estudiantes. En esencia, la LOMLOE representa la posibilidad de experimentar y probar nuevas formas de enseñanza que pueden tener un impacto real y positivo en nuestros estudiantes.

Uno de los primeros pasos para crear un currículo emocionante es sacar partido a la flexibilidad que la LOMLOE nos concede. Podemos planificar actividades que tengan aplicaciones reales, que los estudiantes puedan ver y experimentar en su vida cotidiana.

Por ejemplo, podemos enseñar anatomía y fisiología a través de la práctica de deportes específicos, y luego relacionar estos conceptos con cuestiones de salud y bienestar.

Otro enfoque consiste en apostar por la gamificación, una técnica que implica aplicar elementos de juego como desafíos, recompensas y rankings en la enseñanza. Esta metodología puede hacer que las lecciones sean más atractivas y divertidas, promoviendo la colaboración y la competencia saludable entre los estudiantes.

¿Y qué tal si diseñamos situaciones de aprendizaje que le permitan a los estudiantes explorar y descubrir por sí mismos? Presentaremos conceptos y habilidades de nuevas formas. Les brindaremos preguntas provocadoras e intrigantes y les animaremos a buscar respuestas, fomentando así la curiosidad y transformando el aprendizaje en un auténtico proceso de descubrimiento.

La incorporación de tecnología también puede hacer que el currículo sea emocionante. Las aplicaciones de seguimiento de la actividad física pueden ayudar a los estudiantes a comprender mejor su rendimiento, y las plataformas de realidad virtual pueden ofrecer experiencias deportivas completamente nuevas y emocionantes.

También es esencial recordar que un currículo emocionante no se trata solo de entusiasmo, sino también de compromiso. Al final del día, nuestra meta es que nuestros estudiantes se conviertan en aprendices autónomos y activos. Para ello, es beneficioso integrar en el currículo el reconocimiento del esfuerzo y la mejora continua, donde cada estudiante pueda seguir su propio progreso y se sienta motivado para superarse.

No olvidemos que la diversidad de nuestros estudiantes es una gran riqueza. Un currículo emocionante debe ser inclusivo, accesible y atractivo para todos, independientemente de sus habilidades o antecedentes. Esto se alinea con los principios de equidad y diversidad de la LOMLOE, permitiéndonos satisfacer las necesidades diversas de nuestros estudiantes mientras creamos un entorno de aprendizaje emocionante.

Un currículo emocionante también puede ser un currículo que rompe barreras. ¿Y si introdujéramos deportes y formas de movimiento de diferentes culturas, abriendo las mentes de nuestras aulas a nuevas formas de experimentar el movimiento y el bienestar?

En última instancia, la clave para desarrollar un currículo emocionante en la Educación Física radica en nuestra creatividad como educadores. La LOMLOE nos proporciona un marco dentro del cual podemos experimentar, innovar y transformar nuestras prácticas de enseñanza para beneficio de nuestros estudiantes.

En resumen, para diseñar un currículo emocionante con la aplicación de la LOMLOE en la Educación Física, necesitamos asegurarnos de que sea relevante y significativo para los estudiantes. Esto significa sacar provecho de los intereses de los estudiantes, aplicar situaciones de aprendizaje en la vida real, usar la gamificación y la tecnología, y considerar la diversidad y la equidad.

Diseñar un currículo emocionante es un viaje de descubrimiento y experimentación. No hay una fórmula mágica, pero este proceso creativo que pasa por cada uno de nosotros puede hacer de nuestras aulas lugares vibrantes de aprendizaje y desarrollo.

Mi esperanza es que este capítulo os haya proporcionado varias ideas practicables y estimulantes para empezar. Recordemos que estamos aquí para inspirar a nuestros estudiantes, para desafiarlos, para ayudarlos a ver el mundo de nuevas maneras y a moverse en él con confianza y habilidad.

En el próximo capítulo, profundizaremos en cómo podemos usar la Educación Física para construir habilidades de liderazgo y fomentar el aprendizaje cooperativo. Así como LOMLOE en Movimiento desafía el *status quo* y ofrece soluciones innovadoras, vosotros, como educadores, podéis hacer lo mismo. Juntos, podemos utilizar la LOMLOE para redefinir la Educación Física y motivar a nuestros estudiantes hacia un futuro activo y saludable.

15 Aprendizaje cooperativo y liderazgo

Desarrollar habilidades de grupo y liderazgo a través del deporte

Seguramente has escuchado el refrán "una cadena es tan fuerte como su eslabón más débil". Esta es la noción subyacente en la construcción de equipos dentro del ámbito de la Educación Física. Sin embargo, también reside el concepto de liderazgo, una habilidad que hace que una «cadena» sea incluso más fuerte. Este capítulo revelará cómo a través del deporte, la Educación Física puede promover no solo un aprendizaje cooperativo, sino también el liderazgo, y cómo tales habilidades son necesarias en la sociedad del siglo XXI.

El aprendizaje cooperativo se basa en un trabajo de equipo efectivo. Un estudio del Grupo de Investigación de Educación Física de la Universidad de Sevilla, encontró que los estudiantes que participan en actividades deportivas en equipo demuestran una mejora en sus habilidades de colaboración, comunicación, y resolución de problemas. Los juegos en equipo requieren que los estudiantes trabajen unidos para lograr un objetivo común, lo que promueve la interacción y cooperación entre ellos.

Los deportes también cultivan habilidades de liderazgo. Tomemos por ejemplo el rol del capitán en un equipo de fútbol, cuya tarea va más allá de llevar la cinta al brazo. Esta figura tiene que:

- mediar en conflictos,
- motivar a sus compañeros,
- tomar decisiones rápidas y efectivas
- y mantener a su equipo enfocado hacia una meta común.

Estos son los mismos atributos que se buscan en los líderes dentro de nuestra sociedad.

En términos educativos, es indispensable fomentar tanto la capacidad de trabajar en equipo como la de guiar a los demás, por eso debemos integrar en nuestras lecciones de Educación Física oportunidades para que los estudiantes desarrollen estas habilidades. Pero, ¿cómo lo hacemos?

El primer paso es seleccionar actividades que favorezcan la colaboración y el liderazgo. Los deportes en equipo, como el fútbol, baloncesto o balonmano, son candidatos perfectos para esta labor. Es clave proporcionar una estructura que incentive a los alumnos a trabajar por un objetivo común. Las actividades deben estar diseñadas de tal manera que los estudiantes dependan mutuamente unos de otros para la realización del trabajo, en lugar de fomentar comportamientos individualistas.

Un componente crucial para fomentar la colaboración y el liderazgo es a través del rol de capitán de equipo. Esta posición puede rotarse entre los estudiantes para brindarles a todos la oportunidad de liderar. Otra estrategia puede ser la asignación de roles específicos dentro del equipo, donde cada estudiante tiene la responsabilidad sobre una tarea específica y deben coordinarse para lograr el objetivo del equipo.

Además de las actividades, el feedback también juega un papel crucial en este proceso. Debes proporcionar a los estudiantes una evaluación constructiva de su participación y rendimiento, sin profundizar en críticas personales. Conviene destacar los comportamientos y actitudes positivas que los alumnos han demostrado, así como identificar las áreas de mejora, siempre desde un enfoque constructivo.

No solo es crucial la retroalimentación del educador, sino también la de los propios estudiantes. Después de cada actividad, puedes organizar sesiones de reflexión grupales en las que los estudiantes puedan expresar:

- cómo se sintieron,
- qué lograron,
- qué desafíos encontraron
- y cómo los superaron.

De esta manera, pueden aprender a valorar y a apreciar el esfuerzo de los demás, además de desarrollar una autoevaluación.

También es indispensable promover la inclusividad y la igualdad, no solo en cuanto a las competencias deportivas, sino también al liderazgo. Este espacio debe ser cómodo para que todas las personas se sientan respetadas, seguras y libres de presiones y prejuicios.

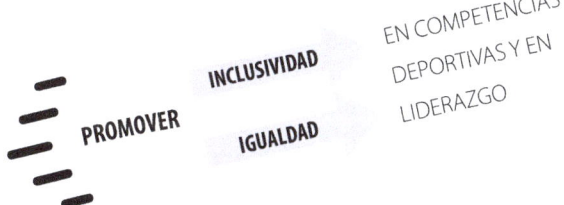

PROMOVER INCLUSIVIDAD IGUALDAD EN COMPETENCIAS DEPORTIVAS Y EN LIDERAZGO

Los estudios sugieren que un importante reto para los educadores físicos es romper con los estereotipos de género que tienden a desarrollarse en el ámbito deportivo. Es importante que se fomente el liderazgo tanto en las niñas como en los niños, y que se evite que ciertas posiciones o roles dentro de los equipos se asocien a un género específico.

También hay que garantizar que los estudiantes con discapacidades o necesidades educativas especiales no se queden atrás. Hay una gran variedad de deportes adaptados y no es extraño que aquellos alumnos que normalmente están marginados, al tener una oportunidad de liderar a su equipo, aporten valiosas lecciones de superación a sus compañeros.

La Educación Física puede y debe ser más que la enseñanza de habilidades técnicas deportivas, tiene una gran oportunidad de formar líderes para el futuro. La aplicación de la LOMLOE en la Educación Física promueve un enfoque integral que va más allá de las habilidades físicas, instaurando habilidades cognitivas, sociales y emocionales en los estudiantes.

En definitiva, es fundamental que incorpores y fomentes la colaboración y el liderazgo en tus clases de Educación Física. El potencial de formar a los líderes del futuro está en tus manos, aprovecha el deporte para otorgar a tus estudiantes las herramientas para trabajar en equipo, liderar y generar un impacto positivo en su entorno.

En el próximo capítulo, analizaremos cómo un aspecto aparentemente periférico a la Educación Física, la nutrición, puede tener un profundo impacto en el rendimiento físico de los estudiantes. Adéntrate en cómo la educación nutricional puede integrarse en tu currículo de Educación Física y optimizar los resultados de tus alumnos.

¿Cómo integrar la educación nutricional en EF?

16 Nutrición y rendimiento físico

Integrar la educación nutricional en el programa de Educación Física

Comenzamos este capítulo subrayando la importancia de considerar la nutrición como un elemento clave en el rendimiento físico de nuestros estudiantes. Aunque la educación nutricional no suele ser una parte destacada en el currículo de Educación Física, debe formar parte integral de nuestro enfoque pedagógico si aspiramos a formar jóvenes saludables, activos y conscientes de la relación entre alimentación y rendimiento físico. La LOMLOE facilita la incorporación de este componente a nuestro programa debido a su enfoque interdisciplinar y su acento en el desarrollo integral del alumnado.

La relación entre nutrición y rendimiento físico es innegable. Numerosos estudios han demostrado que una dieta adecuada puede mejorar la resistencia, la fuerza y la agilidad, lo que mejora a su vez el rendimiento en deportes y actividades físicas. *More so*, buena nutrición puede facilitar la recuperación después de realizar ejercicio, previniendo lesiones y optimizando la salud general del estudiante.

Uno de los retos que enfrentamos como docentes de Educación Física es cómo integrar la educación nutricional de una manera efectiva en nuestras clases. Podríamos considerar, por ejemplo, dedicar una parte de cada clase a hablar sobre un aspecto determinado de la nutrición, como la importancia de los carbohidratos para la energía o la relevancia del consumo adecuado de proteínas para la reparación muscular.

Hacer esto de manera aislada, sin embargo, puede no ser suficientemente atractivo o efectivo. Por tanto, debemos considerar formas creativas de incorporar la educación nutricional en nuestras lecciones, de modo que se convierta en una parte intrínseca de la experiencia de aprendizaje. Una forma de lograr esto puede ser a través de la utilización de recursos tecnológicos que permitan a los estudiantes investigar y experimentar con su propia nutrición.

La tecnología puede ser especialmente útil para vivificar la educación nutricional. Herramientas como las aplicaciones móviles que permiten llevar un registro de la dieta y relacionarla con los niveles de actividad física pueden resultar increíblemente reveladoras para los estudiantes, ayudándoles a comprender la influencia directa de lo que consumen en su rendimiento físico.

Sin embargo, mientras que la tecnología puede ser una herramienta útil, también es fundamental que enseñemos a nuestros estudiantes a ser críticos y conscientes de las fuentes de información sobre nutrición. Internet está lleno de información incorrecta y potencialmente dañina sobre dietas y nutrición, por lo que es vital que enseñemos a nuestros estudiantes a discernir entre fuentes confiables y no confiables de información.

Podríamos hacer esto a través de actividades de investigación guiada, donde los estudiantes son dirigidos hacia fuentes académicamente validadas de información nutricional y se les pide que contrarresten esa información con lo que encuentran en sitios web o aplicaciones populares. Este enfoque no solo les proporcionará las habilidades necesarias para filtrar información, sino que también despertará su curiosidad y compromiso con el tema.

Integrar la educación nutricional en la Educación Física también significa encontrar formas de colaborar con otros docentes. Podemos trabajar con los docentes de ciencias para explorar, por ejemplo, la química de la digestión y cómo los diferentes tipos de alimentos proporcionan distintas formas de energía al cuerpo.

Asimismo, podemos buscar formas de colaborar con el equipo de orientación escolar para abordar los problemas relacionados con la dieta y el rendimiento físico. Esto podría incluir la identificación de estudiantes que puedan estar luchando con trastornos alimentarios y necesiten apoyo, o la implementación de programas de refuerzo para mejorar la alimentación en la escuela.

Otro enfoque podría ser la incorporación de cocineros o dietistas profesionales en nuestras clases de Educación Física, posiblemente a través de visitas o talleres. Estos profesionales pueden proporcionar una perspectiva única y práctica sobre la nutrición, y permitir a los estudiantes explorar formas de mejorar su rendimiento físico a través de su dieta de una manera interactiva y motivadora.

Por supuesto, no podemos pasar por alto la importancia de evaluar el impacto de nuestras iniciativas de educación nutricional. Debemos desarrollar métodos de evaluación efectivos que nos permitan cuantificar el impacto de nuestras lecciones en el conocimiento nutricional de los estudiantes, así como en sus comportamientos en relación con la alimentación y el ejercicio.

De hecho, evaluar el programa de nutrición puede ser tan simple como crear encuestas o cuestionarios que los estudiantes deben completar antes y después de las lecciones. Estos pueden medir tanto el conocimiento nutricional como los comportamientos dietéticos, lo que nos permite ver si nuestros métodos de enseñanza son efectivos y modificar nuestro enfoque si es necesario.

PROGRAMA NUTRICIÓN — EVALUAR

COMPLETAR ENCUESTAS

ANTES DE LAS LECCIONES

DESPUÉS DE LAS LECCIONES

CUANTIFICAR IMPACTO EN
- conocimiento nutricional
- comportamientos dietéticos

¿ MÉTODO EFECTIVO ?

NO   SÍ

MODIFICAR ENFOQUE

En cualquier caso, esencial es recordar que la integración de la educación nutricional en nuestra clase de Educación Física requiere paciencia, reflexión y experimentación. No todas las técnicas funcionarán en todas las aulas, y puede llevar tiempo ver los resultados de nuestros esfuerzos.

Sin embargo, al incorporar la nutrición en nuestra enseñanza de la Educación Física, nuestros estudiantes no solo ganarán en rendimiento físico, sino también en su comprensión de la salud y el bienestar, habilidades que les redundarán en provecho a lo largo de toda su vida.

En síntesis, la integración de la educación nutricional en la Educación Física es no solo posible, sino necesaria y valiosa. Al hacerlo, estamos empoderando a nuestros estudiantes para tomar mejores decisiones en relación con la actividad física y la salud en general, y preparándolos para una vida activa y saludable.

Como anticipo al próximo capítulo, permíteme decir que hablar de la LOMLOE no es únicamente hablar de legislación y cambios, sino también es hablar de oportunidades y desafíos que nos llevarán a trabajar juntos en la consolidación de una enseñanza más robusta y efectiva. En el capítulo que sigue, abordaremos en detalle cómo enfrentar y aprovechar los cambios en la legislación.

¿Cómo aprovechar los cambios de la LOMLOE en la EF?

17 Retos y oportunidades de la LOMLOE

Análisis detallado de cómo enfrentar y aprovechar los cambios en la legislación

Adentrándonos en el capítulo 17 de nuestro periplo, llegamos a un punto crítico en la aplicación de la LOMLOE en la educación secundaria y bachillerato, el análisis detallado de cómo enfrentar y aprovechar los cambios legislativos. Este análisis permitirá tener una visión más clara de cómo aplicar efectivamente las nuevas normativas y responder con éxito a los retos de la enseñanza física.

Entender la LOMLOE como una oportunidad es esencial. La Educación Física ha estado durante mucho tiempo relegada a un segundo plano, vista más como una asignatura de "descanso" que como una herramienta educativa en su sentido más completo. Aquí es donde entra en juego un dato empírico importante: **estudios recientes demuestran que la actividad física mejora el funcionamiento cognitivo y conduce a un mejor rendimiento académico en todas las áreas.**

Si tú, como docente, transmites este enfoque positivo hacia la LOMLOE a tus alumnos, enhorabuena, estarás convirtiendo un escollo en una escalera hacia el éxito. Como educadores que son, uno de sus principales propósitos es guiar a los estudiantes a ver los problemas como oportunidades para mejorar y aprender.

Ahora, analicemos detalladamente cómo la LOMLOE puede afectar la enseñanza y, más específicamente, la Educación Física. Uno de los aspectos más relevantes de esta ley es el mayor reconocimiento y valoración de la Educación Física como pilar fundamental del desarrollo integral del estudiante, donde se trabaja tanto la salud física, como la emocional y la social.

A esto se añade la tendencia a flexibilizar los currículos, permitiéndote más libertad para adaptarte a las necesidades concretas de tus alumnos. Este marco da espacio para la innovación e impulsa la búsqueda de nuevas formas de enseñanza, fomentando la creatividad y originalidad.

Pero como dice el refrán, "no hay rosas sin espinas". Uno de los desafíos más importantes que te encontrarás será rediseñar tus cursos para acomodarte a estas expectativas más altas. Esto requerirá probablemente de experimentación, evaluación constante y ajustes. Tú como profesor, por ende, debes estar dispuesto a reinventarte.

Otro desafío asociado con la LOMLOE es adaptarse a las expectativas actuales y cambiantes en términos de inclusividad y diversidad. Debes estar preparado para enseñar a un grupo de estudiantes cada vez más heterogéneo, con experiencias y necesidades únicas.

Para superar estos desafíos y aprovechar las oportunidades que ofrece la LOMLOE, es vital orientarse hacia la formación continua, la especialización y la investigación. La educación en sí misma es un campo que evoluciona constantemente, y los métodos pedagógicos exitosos requieren adaptarse a estos cambios.

Además, es crucial familiarizarse con el manejo de tecnologías y herramientas digitales para la enseñanza. La implementación de estas tecnologías es un camino a seguir para el desarrollo de cualquier asignatura y la Educación Física no es la excepción.

A nivel especialmente práctico, un aspecto a tener en cuenta es la necesidad de una formación específica sobre las adaptaciones didácticas necesarias para garantizar una enseñanza inclusiva y de calidad. Este es un reto, pero también una oportunidad para desarrollar nuestras habilidades y conocimientos.

El nuevo enfoque holístico de la Educación Física también plantea una increíble oportunidad para rediseñar la forma en que esta asignatura se enseña y se percibe. Tenemos la oportunidad de promover la actividad física no solo como un medio para lograr una salud mejor, sino como una herramienta para el desarrollo emocional y social.

Para concluir, el nuevo marco legal que impone la LOMLOE presenta una serie de retos, pero también de maravillosas oportunidades. Si lo abordas con una perspectiva positiva, preparación adecuada y dedicación, estarás creando un impacto significativo en la vida de tus alumnos.

Como educadores, siempre debemos recordar que nuestro objetivo principal es impulsar a nuestros estudiantes hacia el éxito. La LOMLOE nos da la oportunidad de hacer precisamente eso, proporcionándonos las herramientas para fomentar un enfoque más inclusivo, holístico e individualizado de la Educación Física.

A pesar de los desafíos, es fundamental recordar que estos cambios son necesarios y positivos, con el objetivo final de mejorar la calidad de la educación y el bienestar de los estudiantes.

Los retos y oportunidades que nos ofrece la LOMLOE son, sin duda, intensos y emocionantes. Pero más emocionante aún, es la posibilidad de materializar este esfuerzo en una realidad pedagógica que beneficie a nuestros estudiantes.

En el próximo capítulo, abordaremos los caminos para la actualización profesional continua en el marco de la LOMLOE. ¿Estás preparado para formarte y adaptarte a los nuevos tiempos? Prepárate para descubrirlo.

¿Cómo adaptarse a los cambios con la LOMLOE en la EF?

18 Formación del profesorado

Caminos para la actualización profesional continua en el marco de la LOMLOE

18

Este capítulo surge de la constatación de que tú, como profesor de Educación Física, te encuentras en un momento de cambio significativo de las legislaciones educativas. La nueva ley de educación, LOMLOE, está reconfigurando el panorama de la Educación Física, obligando a profesionales como tú a mantenerse actualizados en relación con las nuevas directrices y orientaciones educativas.

En este contexto, se hace imprescindible la actualización profesional continua del profesorado, una tarea que puede parecer ardua, pero que resulta esencial para seguir mejorando la formación y preparación de los alumnos. Y ante esto surge la pregunta: ¿Cómo se puede mantener actualizado el profesorado de Educación Física en el marco de la LOMLOE?

El primer camino quizás el más evidente, pero no por ello menos relevante, es la formación continua con programas específicos. Esto implica un compromiso con la actualización de conocimientos y habilidades, asistiendo a cursos y talleres, conferencias y seminarios que aborden los cambios que trae la LOMLOE.

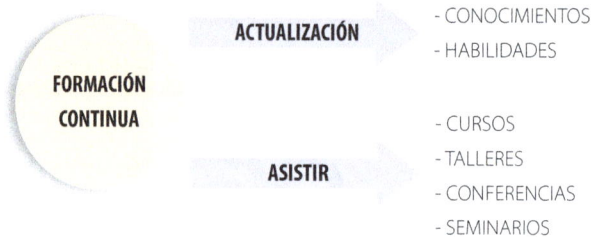

Pero no toda la formación debe ser formal. Hay también un espacio para la exploración autónoma de nuevas prácticas, estrategias y metodologías de enseñanza. Internet y las redes sociales son recursos poderosos para la autodidáctica, con multitud de plataformas, blogs y foros donde se comparte una amplia variedad de enfoques y experiencias.

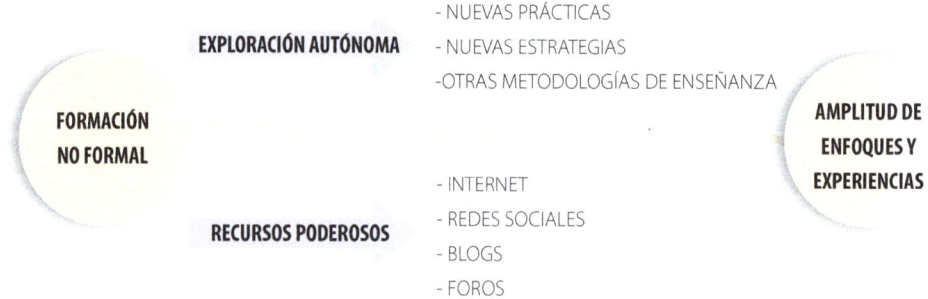

Otro camino crucial para la actualización profesional es participar activamente en equipos de trabajo y proyectos de innovación dentro del propio centro educativo. Esto favorece el intercambio de ideas y la reflexión conjunta sobre cómo implementar y adaptar las innovaciones legislativas dentro del marco de actuación específico del centro.

La colaboración intercentros también puede ser altamente enriquecedora. A través de ella, se pueden compartir buenas prácticas, retos y soluciones encontradas, enriqueciendo así la perspectiva y las estrategias de actuación de cada profesional.

Pero la actualización profesional no debe limitarse solo a la adquisición de nuevos conocimientos y habilidades. Es importante también fomentar una actitud reflexiva que permita cuestionar y reevaluar las propias prácticas docentes. De este modo, el profesorado puede identificar aspectos de mejora y buscar estrategias innovadoras para llevar a cabo dichas mejoras.

Y es en este punto donde entra en juego la importancia de la investigación educativa. La participación en proyectos de investigación puede proporcionar una visión más profunda de los desafíos educativos actuales y, a su vez, fomentar una actitud crítica y reflexiva hacia el propio trabajo.

Finalmente, el camino de la actualización profesional implica también que atendamos y cuidemos nuestra dimensión personal. Son aspectos fundamentales para mantenernos motivados, comprometidos y en constante evolución como profesionales los siguientes:

- El autocuidado,
- el manejo del estrés,
- el equilibrio entre vida personal y laboral
- y el desarrollo personal.

Todos estos caminos, por supuesto, convergen y se entrecruzan. La clave es entender la actualización profesional no como una carrera de obstáculos, sino como un viaje de descubrimiento constante, apasionante y enriquecedor.

Para ilustrar estos caminos, tomemos el ejemplo de la interdisciplinariedad, un enfoque que la LOMLOE promueve. Podríamos comenzar asistiendo a un taller sobre cómo implementar este enfoque en nuestras clases de Educación Física.

A partir de aquí, podríamos trabajar con nuestro equipo de docentes para desarrollar un proyecto que favorezca las conexiones entre la Educación Física y otras materias. Y al mismo tiempo, podríamos establecer colaboraciones con otros centros para compartir experiencias y recabar ideas.

A través de esta colaboración, podríamos encontrar un reto particularmente interesante que nos motive a participar en un proyecto de investigación. Y todo este proceso, sin lugar a dudas, requiere de reflexión y autocuidado para mantenernos equilibrados y motivados.

La actualización profesional es así un proceso multifacético e intrínsecamente enriquecedor, que va más allá de la mera adquisición de nuevos conocimientos. Implica atreverse a explorar, cuestionar, colaborar e innovar, siempre con el objetivo de ofrecer una Educación Física de calidad y actualizada.

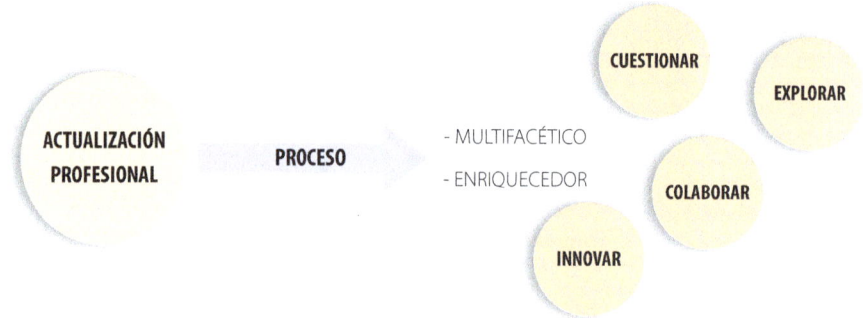

En el próximo capítulo abordaremos cómo la Educación Física puede servir de puente para explorar y entender la diversidad cultural. A través del deporte, podemos facilitar experiencias de aprendizaje significativas y profundamente enriquecedoras que promuevan el respeto y la apreciación de la diversidad cultural. Te invito a seguir este fascinante viaje conmigo. Asegúrate de acompañarme en el siguiente capítulo.

¿Cómo explorar la diversidad cultural con EF?

19 La Educación Física como experiencia cultural

Explorar y entender la diversidad cultural a través del deporte

Hemos hablado de las distintas formas en las que la LOMLOE puede transformar la Educación Física en beneficio de tus estudiantes. Pero hay un aspecto que va más allá de la simple mejora de sus habilidades físicas: la Educación Física también puede ser una herramienta para explorar y entender la diversidad cultural. De hecho, esta puede ser una de las formas más emocionantes e impactantes de aprovechar la LOMLOE para avanzar en nuestra pedagogía.

Los deportes, las actividades físicas y los juegos son universales; se encuentran en todas las culturas del mundo y tienen muchas formas diferentes. A través del deporte, podemos permitir a los estudiantes experimentar y apreciar las diferencias y similitudes entre las culturas del mundo. Invita a los estudiantes a explorar la diversidad cultural, permitiéndoles entender mejor el valor de cada cultura y proporcionándoles una base para el respeto y la tolerancia.

Por ejemplo:

- A través del rugby, se puede enseñar a los estudiantes sobre la cultura neozelandesa y la importancia de la danza Haka para los equipos deportivos de Nueva Zelanda.
- A través del capoeira, se puede introducir la rica historia de Brasil y el papel que ha jugado en su cultura.

Estas experiencias pueden ayudar a los estudiantes a ganar una perspectiva más amplia del mundo, y pueden animarles a aprender más sobre otras culturas por su cuenta.

Para integrar este enfoque en tus clases de Educación Física, sugiero que conviertas cada unidad de estudio en una inmersión cultural. Por ejemplo, una unidad de estudio sobre futbol podría incluir un recorrido por las variaciones de este deporte en diferentes países, junto con algunos aspectos culturales clave de esos lugares. Esta estrategia también te permite incluir la teoría del juego y la estrategia culturalmente específica junto con la práctica del deporte en sí.

Una de las ventajas de este método es que permite a cada estudiante traer su propio bagaje cultural al aula. Alentar a los estudiantes a compartir juegos o deportes de su propia cultura puede ser una excelente manera de fomentar el respeto mutuo y la comprensión. Este enfoque puede ser especialmente valioso en aulas con una alta diversidad cultural.

A la hora de evaluar la integración de la diversidad cultural en tus clases de Educación Física, deberás ser tan diverso en tus métodos de evaluación como lo has sido en tu enseñanza. Una estrategia que te sugiero es la autoevaluación: invita a los estudiantes a reflexionar sobre lo que han aprendido y cómo han crecido a través de las experiencias multiculturales en tus clases. También podrías evaluar la comprensión de los estudiantes sobre las culturas exploradas a través de debates, proyectos de investigación y pruebas objetivas.

Por otro lado, debes tener en cuenta que la diversidad cultural no solo se refiere a las diferencias entre culturas distintas. También se refiere a las diferencias dentro de una misma cultura. Por ello, es importante que desarrolles una comprensión sólida de las culturas que estás enseñando en tu aula.

Adicionalmente, este enfoque de la Educación Física como experiencia cultural no solo te permite abordar la valoración por la diversidad, sino que también abre la puerta a tratar temas más complicados, como la discriminación y el racismo. Estos temas pueden ser abordados dentro del contexto del deporte, por ejemplo, discutiendo sobre la discriminación racial en el deporte o la cuestión del género en los deportes.

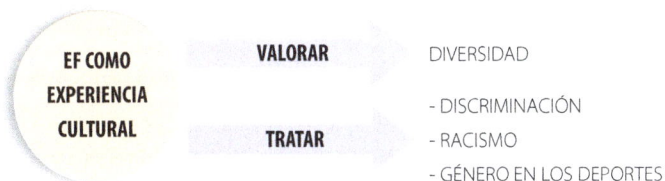

Finalmente, la Educación Física como experiencia cultural te ofrece la oportunidad de proporcionar a tus estudiantes unas perspectivas globales. A través de la práctica del deporte puedes mostrarles que todos somos ciudadanos del mundo. En un mundo que está cada vez más globalizado, esta perspectiva es increíblemente valiosa.

La introducción de la Educación Física como experiencia cultural en nuestras aulas de educación secundaria y bachillerato puede dar lugar a preguntas y desafíos. Pero, ¿no es eso lo que más nos gusta de la enseñanza? Encarar lo desconocido, trabajar a través de lo difícil y salir al otro lado con nuevas habilidades, conocimientos y experiencias valiosas.

Con la aplicación de la LOMLOE en nuestra función docente, tenemos la posibilidad de cambiar la forma en que enseñamos la Educación Física. Podemos convertir nuestros gimnasios y campos de fútbol en aulas globales. A través del deporte, podemos cambiar la manera en que nuestros estudiantes ven el mundo.

APLICAR EN FUNCIÓN DOCENTE — CONVERTIR

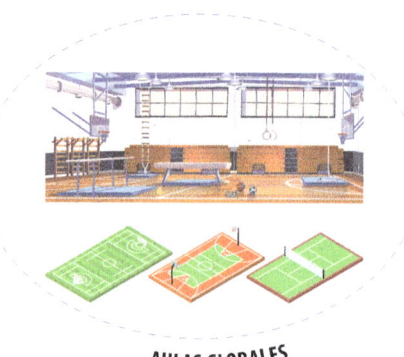

AULAS GLOBALES

Mientras que en el capítulo anterior discutimos sobre la formación del profesorado y cómo se puede mantener actualizado con los cambios en la legislación de la LOMLOE, ahora es tu turno de innovar y de profundizar en cómo aplicar la LOMLOE para convertir la Educación Física en una experiencia cultural.

Esta perspectiva cultural en la Educación Física abre la puerta a innumerables oportunidades de aprendizaje, tanto para ti como para tus estudiantes. Te invito a explorar, experimentar y aprender.

Después de todo, cada minuto jugando es un minuto aprendiendo. Y como dijo Nelson Mandela, "*el deporte tiene el poder de cambiar el mundo. Tiene el poder de inspirar. Tiene el poder de unir a las personas de una forma que pocas cosas pueden hacerlo*".

Es momento de poner en marcha todo lo que hemos aprendido en los anteriores capítulos e implementar de forma pragmática la diversidad cultural en la Educación Física. Recuerda que cada paso cuenta y que cada esfuerzo que realizas transformará la vida de tus estudiantes.

Como último adelanto del próximo capítulo, revisaremos cómo podemos proyectar la Educación Física en la formación de ciudadanos saludables y activos en un futuro activo. Como docentes, nuestra misión es preparar a nuestros estudiantes para el mundo, y la actividad física juega un papel crucial en esa misión. Así que, prepárate para el último viaje de este libro, donde exploraremos cómo la LOMLOE nos da herramientas para encaminarnos hacia ese apasionante objetivo.

¿Cómo la EF puede provomer un futuro activo?

20 Hacia un futuro activo

Proyección de la Educación Física
en la formación de ciudadanos
saludables y activos

A medida que avanzamos en nuestro viaje a través de la aplicación de la LOMLOE en la Educación Física, nos enfrentamos a tales desafíos que nos obligan a repensar nuestra pedagogía y práctica. En un mundo que se caracteriza cada vez más por la rapidez de los cambios sociales, tecnológicos y ambientales, los educadores físicos tenemos una misión crucial: preparar a los jóvenes para prosperar en medio del empuje constante de lo nuevo y desconocido y moldear la construcción de ciudadanos saludables, activos y comprometidos con su bienestar.

En sus primeras etapas, la Educación Física se centraba en gran medida en las destrezas físicas y en el juego competitivo. Sin embargo, con la implementación de la LOMLOE, se nos plantea la novedosa perspectiva de considerar la Educación Física más allá de los límites del aula, se nos invita a diseñar situaciones de aprendizaje que contribuyan al desarrollo integral de estudiantes y a la formación de ciudadanos activos.

Las últimas investigaciones demuestran que una ciudadanía activa y saludable se construye, en gran medida, a través de la práctica de actividad física, de manera que los ciudadanos activos implican una sociedad dinámica, activa y sana. Un estudio del *European Heart Journal* en 2018 reveló que la inactividad física es un factor de riesgo incluso mayor que el tabaquismo, la diabetes y la obesidad para enfermedades cardíacas. La necesidad de un cambio de paradigma es incuestionable y aquí, la Educación Física tiene un papel protagónico.

Sin embargo, la inculcación de hábitos saludables y la promoción de la actividad física no es suficiente por sí misma para formar ciudadanos activos y saludables. Los ciudadanos activos son individuos que participan en la vida de su comunidad y sociedad, ejerciendo sus derechos y responsabilidades con conciencia y respeto. La tarea implica, entonces, apoyar el crecimiento personal y la autonomía de nuestros estudiantes, al mismo tiempo que les enseñamos cómo involucrarse positivamente en la sociedad.

Existe un desafío común a todo esto: ¿Cómo podemos usar la Educación Física para desarrollar hábitos de actividad física y compromiso cívico en nuestros estudiantes? *Elusive Science: The Troubling History of Education Research* de Ellen Condliffe Lagemann revela un camino posible. Según Lagemann, cuando los estudiantes se involucran activamente en su aprendizaje, a través de la resolución de problemas o la exploración de interrelaciones entre saberes, notoriamente, mejoran tanto su aprendizaje como su compromiso.

Tomemos, por ejemplo, la danza. Más allá de los beneficios físicos obvios de esta práctica, la danza también enseña a los estudiantes a trabajar juntos, a resolver conflictos de manera productiva y a aprender de forma creativa. Además, introduce a los estudiantes en una rica tradición cultural que les hace apreciar la diversidad cultural y desarrollar una mentalidad activa y respetuosa con la diversidad.

Otro ejemplo impactante es el del enfoque de Educación Física orientado a la aventura, que implica actividades como la escalada, el senderismo o la navegación. Este enfoque no solo promueve la actividad física, sino que también enseña a los estudiantes a trabajar como equipo, a liderar, a resolver problemas y a tomar decisiones pertinentes en situaciones desafiantes.

No obstante, el camino hacia la ciudadanía activa y saludable a través de la Educación Física tiene obstáculos. Un estudio de 2019 publicado en *Transplantation Proceedings* identificó una tendencia a la inactividad entre los jóvenes europeos, lo que resulta en altos niveles de obesidad y enfermedades asociadas. Esto refuerza la importancia y la urgencia de implementar cambios educativos que promuevan una ciudadanía activa y saludable.

Aun cuando se está implementando la LOMLOE, la preparación del profesorado para afrontar este cambio de enfoque es vital. Como educadores físicos, debemos estar dispuestos a aprender y adaptar nuestras prácticas. Esto implica una apertura hacia la innovación, la formación continua y una actitud de investigación y reflexión constante en nuestro quehacer docente.

Proyectar la Educación Física en la formación de ciudadanos saludables y activos no es un camino que podemos recorrer solos. Tendremos que trabajar en colaboración con otros profesionales de la educación, los padres y madres, las comunidades locales, así como con nuestros propios estudiantes.

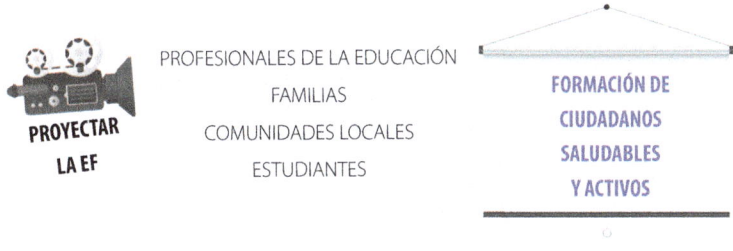

Por último, recordemos que somos los modelos a seguir de nuestros estudiantes. Si queremos fomentar una ciudadanía activa y saludable, debemos nosotros mismos encarnar estos valores y llevar un estilo de vida que ejemplifique la importancia de la actividad física y el compromiso cívico.

Concluiremos este último capítulo invitándote a reflexionar sobre tu propia pedagogía. ¿Cómo puedes implementar la LOMLOE para fomentar una ciudadanía activa y saludable en tus estudiantes? ¿Cómo puedes escapar de la inercia y abrazar los desafíos y oportunidades que este cambio legislativo implica?

En definitiva, la implantación de la LOMLOE en la Educación Física exige un replanteamiento profundo de nuestra pedagogía. Este cambio supone la oportunidad de pasar de una Educación Física limitada al aula y a la adquisición de habilidades físicas, a una educación que prepara a ciudadanos activos, saludables y comprometidos.

Enhorabuena, has llegado hasta aquí, al final de este interminable laberinto de conocimientos. Es un camino que solo tú podías trazar, a tu ritmo, con tus preguntas y tus hallazgos. Te invitamos a seguir aprendiendo sobre la Educación Física bajo la LOMLOE, a seguir cuestionando y a seguir encontrando respuestas. Porque la educación es siempre un viaje, nunca una meta.

Referencias bibliográficas

Conecta13 (2022). Cómo diseñar una situación de aprendizaje en forma de proyecto y en el marco DUA. Recuperado de: https://view.genial.ly/630c8d6d80b414001a9b334e/interactive-content-canvas-abp

Coll, C. (ed.) (2019). La personalización del aprendizaje. *Dossier Barcelona*: Graó.

Coll, C. & Manzano, R. (2021. Les necessitats d'aprenendtatge en el segle XXI o què cal ensenyar i aprendre a les escoles i els instituts. En C. Coll & B. Albaigés (Directors), Anuari 2020. *L'Estat de l'educació a Catalunya* (pp. 443-483). Fundació Jaume Bofill.

Coll Salvador, C., & Martín Ortega, E. (2021). La LOMLOE, una oportunidad para la modernización curricular. *Avances en supervisión educativa*, (35).

Cyrulies, E., & Schamne, M. (2021). El aprendizaje basado en proyectos: Una capacitación docente vinculante. *Páginas de Educación, 14*(1), 1-25. https://doi.org/10.23824/ase.v0i35.731

Díaz-Lucea, J. (2010). Educación física e interdisciplina- riedad, una relación cada vez más necesaria. *Tándem. Didáctica de la Educación Física*, 33, 7-21.

Elizondo, C. (2022). Diseño universal para el aprendizaje y neuroeducación: una perspectiva desde la ciencia de la mente, cerebro y educación. *Journal of neuroeducation= revista de neuroeducación= revista de neuroeducació, 3*(1), 99- 108.

Figueroa, L., Ospina, M. y Tuberquia J. (2019). Prácticas pedagógicas inclusivas desde el diseño universal de aprendizaje y plan individual de ajuste razonable. *Revistas academias: Inclusión y desarrollo, 6*(2): 4-14.

García, J. G. (2020). El constructivismo en la educación y el aporte de la teoría sociocultural de Vygotsky para comprender la construcción del conocimiento en el ser humano. Dilemas Contemporáneos: Educación, Política y Valores, 7(2), 1- 21 https://doi.org/10.46377/dilemas.v32i1.2033

Gortázar, L. (2021). *Conquistar la vanguardia educativa*. Disponible en, http://www.revistasice.com/index.php/ICE/article/view/6917/6936

Ley Orgánica 2/2006, de 3 de mayo, de Educación. Boletín Oficial del Estado, n.º 106, de 3 de mayo de 2006, pp. 17158-17207 [modificada por la siguiente]. https://www.boe.es/eli/es/lo/2020/12/29/3/con.

Ley Orgánica 3/2020, de 29 de diciembre, por la que se modifica la Ley Orgánica 2/2006, de 3 de mayo, de Educación. Boletín Oficial del Estado, n.º 340, de 30 de diciembre de 2020, pp. 122868-122953 [modificación de la anterior]. https://www.boe.es/eli/es/lo/2020/12/29/3/con.

López, L. F. Á., Rojas, A. L. D., Llano, M. E., & Ocampo, N. A. L. (2021). Práctica pedagógica y motivación desde el aprendizaje situado. *Tesis Psicológica, 16*(1), 178-201.

Méndez-Giménez, A., López-Téllez, G., & Sierra, B. (2009). Competencias básicas: sobre la exclusión de la competencia motriz y las aportaciones desde la Educación Física. *Retos. Nuevas tendencias en Educación Física, Deporte y Recreación, 16*, 51-57. Recuperado de: https://doi.org/10.47197/retos.v0i16.34974

Montero-Caro, M. D. (2021). Educación, Gobierno Abierto y progreso: los Objetivos de Desarrollo Soste- nible (ODS) en el ámbito educativo. Una visión crítica de la LOMLOE. *Revista Educación y Derecho*, (23), 1-26. Recuperado de: https://doi.org/10.1344/RE YD2021.23.34443

Moya, J. y Zubillaga, A. (2020). Un nuevo currículo para una nueva sociedad. En Moya, J. y Zubillaga, A. (Coords.). *Un currículo para un mundo sostenible*. #ODS2030. Madrid: Anaya.

Pastor, A. (2019). Diseño universal para el aprendizaje: un modelo teórico-práctico para una educación inclusiva de calidad. *Participación educativa*. v. 6, n.º 9, septiembre; p. 55-66. Recuperado de https://redined.mecd.gob.es/xmlui/bitstream/handle/11162/190783/Alba.pdf?sequence=1&isAllowed=y

Pérez-Pueyo, Á., Alcalá, D. H., Berrocal, O. C., Bernardino, C. H., & Álvarez, I. H. (2022). Análisis y reflexión sobre el nuevo currículo de educación física. *Revista Española de Educación Física y Deportes*, (463 (3), 41- 58. https://doi.org/10.55166/reefd.vi463(3).1073

Pérez-Pueyo, Ángel, Hortigüela-Alcalá, D., Fernández-Fernández, J., Gutiérrez- García, C., & Santos Rodríguez, L. (2021). Más horas sí, pero ¿cómo implantarlas sin perder el enfoque pedagógico de la Educación Física? *Retos, 39*, 345353. https://doi.org/10.47197/retos.v0i39.80283

Pérez-Pueyo, A. & López-Pastor , V . M. (coords.) (2017). *Evaluación formativa y compartida en educación: experiencias de éxito en todas las etapas educativas*. León: Universidad de León. Recuperado de: http://hdl.handle.net/10612/5999

Pérez-Pueyo, A., Hortigüela-Alcalá, D., Herrán, I., Vega, D., Heras, C., Garrote, J., Sobejano, M., & Hernan- do, A. (2017). La hibridación de modelos pedagógicos en educación física y la evaluación formativa. *Revista infancia, educación y aprendizaje, 3*(2), 411-418. Recuperado de: https://doi.org/10.22370/ieya.2017.3.2.757

Real Decreto 217/2022, de 29 de marzo, por el que se establece la ordenación y las enseñanzas mínimas de la Educación Secundaria Obligatoria. Boletín Oficial del Estado, n.º 76, de 30 de marzo de 2022, pp. 41571-41789. https://www.boe.es/eli/es/rd/2022/03/29/217/con.

Real Decreto 126/2014, de 28 de febrero, por el que se establece el currículo básico de la Educación Primaria.

Real Decreto 157/2022, de 1 de marzo, por el que se establecen la ordenación y las enseñanzas mínimas de la Educación Primaria.

Recomendación del Consejo de 22 de mayo de 2018 relativa a las competencias clave para el aprendizaje permanente. Diario Oficial de la Unión Europea, C 189, de 4 de junio de 2018. https://eur-lex.europa.eu/legal-content/ES/TXT/?uri=uriserv:OJ.C_.2018.189.01.0001.01.SPA.

Recomendación del Parlamento Europeo y del Consejo de 18 de diciembre de 2006 sobre las competencias clave para el aprendizaje permanente. Diario Oficial de la Unión Europea, L 394, de 30 de diciembre de 2006, pp. 10-18. http://data.europa.eu/eli/reco/2006/962/oj.

Sánchez Liendo, E. (2023). Reflexiones sobre el currículo LOMLOE a partir de su aplicación en la programación didáctica de Educación Secundaria. *Avances en supervisión educativa*, (40). https://doi.org/10.23824/ase.v0i40.812

Solbes, R. (2021). Los nuevos elementos curriculares de la LOMLOE. Recuperado el 26 de octubre de 2022 de https://raulsolbes.com/2021/11/10/los-nuevos-elementos-curriculares-de-la-lomloe/

UNESCO (2016). Desglosar el objetivo de desarrollo sostenible 4: Educación 2030. Disponible en https://unesdoc.unesco.org/ark:/48223/pf0000246300_spa

UNESCO (2017) Educación para los objetivos de desarrollo sostenible: objetivos de aprendizaje. Disponible en: https://unesdoc.unesco.org/ark:/48223/pf0000252423

UNESCO (2018). Activating Policy Levers for Education 2030: The Untapped Potential of Governance, School Leadership, and Monitoring and Evaluation Policies. París. Unesco. https://unesdoc.unesco.org/ark:/48223/pf0000265951

Valle, J. (2019). Hacia un currículo realmente competencial… ¡Una nueva oportunidad!. *Cuadernos de Pedagogía,* 502 (octubre), pp. 113-117.

Valle, J.M. (2020). ¿Nuevas competencias para la vida o competencias para una nueva vida? La renovada visión de la Unión Europea en las Competencias Clave 2.0., en J. Moya y J. M. Valle, *La reforma del currículo escolar: ideas y propuestas*, cap. 8, pp 83-109

 es una editorial especializada en libros de

Educación Física y
Pedagogía del Deporte

facebook.com/INDEEditorial

editorial_inde

Consulta todo nuestro catálogo

www.inde.com

editorial@inde.com